LÉGISLATION

DES CHUTES D'EAU

Messieurs,

Les applications de l'électricité intéressent votre Société d'abord par les facilités merveilleuses qu'elles donnent à nos communications en supprimant temps et distance, par le champ illimité que le four électrique et l'électrolyse ouvrent à la chimie et à la métallurgie, par le transport de la force au loin dans de simples fils avec une déperdition insignifiante, ce qui permet de mobiliser les forces motrices naturelles.

De tels progrès matériels, des armes si nouvelles pour lutter contre la matière, une telle révolution industrielle méritaient déjà d'attirer votre attention, mais la vieille tradition lyonnaise songe à l'avenir et elle a toujours su mettre au premier rang le souci des conditions matérielles et morales de la classe ouvrière.

A ce titre le transport et la distribution de la lumière et de la force, cette fonction si aisée et si avantageuse de l'électricité, fait entrevoir des améliorations inespérées dans l'organisation du travail.

La main-d'œuvre ne sera plus nécessairement concentrée dans de malsaines agglomérations, autour de vastes usines disposant d'un puissant moteur, ou près de ces ateliers moyens munis de petites machines gaspilleuses et dangereuses. Chaque domicile, en pleine campagne, pourra recevoir à bas prix l'éclairage et la force motrice nécessaires au travail de chaque ouvrier.

Et la houille noire, qu'on transporte souvent bien loin pour ne retirer que 8 à 10 % de son énergie (les machines actuelles ne font pas mieux), cette houille qui s'épuise et dont nous consommons plus que nous n'avons, pourra être ménagée pour servir à de plus nombreuses générations.

C'est donc vers un état social nouveau et idéal que semble nous entraîner le « cheval enchanté » issu de la « houille blanche » et nourri par elle.

Et comme cette houille blanche abonde chez nous, surtout dans la région dont Lyon est la métropole, sa mise en valeur, son aménagement sont depuis longtemps l'un des principaux objets de vos études.

Vous avez tous présent à la mémoire, Messieurs, le tableau que M. R. Tavernier vous traçait ici, il y a un an, de l'industrie hydraulique de notre pays ; vous connaissez sans doute aussi la description que M. de la Brosse, ingénieur en chef des ponts et chaussées à Clermont-Ferrand, vient de publier des principales installations hydro-électriques des Alpes. Pour compléter aujourd'hui ce tableau, que je n'aurais pas les moyens de mieux faire, il me faut cependant y ajouter un trait bien trop saillant : c'est l'inactivité de la plupart de ces grandes usines hydrauliques toutes neuves, à peine ter-

LÉGISLATION

DES

CHUTES D'EAU

—

RAPPORT

Présenté à la Société d'Économie politique et d'Économie sociale de Lyon

Dans sa séance du 20 décembre 1901

PAR

M. Charles PINAT

ANCIEN INGÉNIEUR DES PONTS ET CHAUSSÉES

Maître de forges à Allevard (Isère)

—

LYON

IMPRIMERIE A. BONNAVIAT

Rue Sainte-Catherine, 18

—

1902

LÉGISLATION

DES

CHUTES D'EAU

—

RAPPORT

présenté à la Société d'Economie politique et d'Economie sociale de Lyon

Dans sa séance du 20 décembre 1901

PAR

M. Charles PINAT

ANCIEN INGÉNIEUR DES PONTS ET CHAUSSÉES

Maître de forges à Allevard (Isère)

LYON

IMPRIMERIE A. BONNAVIAT

Rue Sainte-Catherine, 18.

—

1902

minées ; plusieurs demeurent fermées quoiqu'elles aient marché ou soient prêtes à marcher et capables de fournir presque gratuitement de grandes quantités d'énergie. Parmi celles qui travaillent quelques-unes n'utilisent qu'une minime portion de leur force et n'entrevoient que de bien lents développements. De nombreuses chutes d'eau sont prêtes à être aménagées sans que personne se présente pour en tirer parti.

Ces faits vous sont trop connus. Il serait pénible d'y insister et vous me dispenserez de vous citer des exemples particuliers.

Comme on pouvait le prévoir les débouchés ont tardé à suivre des productions qui marchaient à pas de géant ; cette énergie hydraulique qu'on croyait gratuite a donné de graves mécomptes par son irrégularité et par l'élévation des frais d'aménagement qui ont presque partout dépassé de beaucoup les prévisions. Les procédés de fabrication ont dû être remaniés pour pouvoir donner en grand les mêmes résultats que les expériences de laboratoire. Des difficultés interminables ont retardé l'établissement des lignes électriques de distribution.

Les usines les plus actives en ce moment se trouvant celles qui distribuent leur énergie sous forme de lumière ou de force motrice, faut-il en conclure que les grandes usines montées pour employer directement leur force ont été une erreur du début, et qu'il n'y a rien à faire en dehors des stations centrales de distribution d'énergie ? Combien de papeteries, de tissages, d'usines métallurgiques, chimiques ou mécaniques se dressent cependant pour répondre non.

Certainement la distribution assure des débouchés avantageux, surtout parce que les besoins des divers clients, s'emboîtant les uns dans les autres, permettent de contracter avec sécurité pour des fournitures d'énergie deux ou trois fois plus grandes que la puissance effective disponible à la station centrale. Mais cet emploi se limite forcément, pour chaque usine génératrice, à la quotité régulière d'énergie que lui fournira sa chute, même dans les plus basses eaux. Il est bien évident que les acheteurs d'énergie doivent être toujours servis, et n'admettraient pas une interruption, une réduction de force ou de lumière sous prétexte qu'il n'y a pas d'eau.

Le surplus, la quotité irrégulière, qu'en fera-t-on, la laissera-t-on perdre?

Nous verrons tout à l'heure que les plus basses eaux ne donnent en général qu'une force sensiblement plus faible que celle produite pendant huit ou dix mois de l'année par les eaux moyennes. La portion la plus considérable des forces motrices naturelles, en raison de son irrégularité, ne pourra donc en général trouver son emploi que dans de grandes industries pouvant s'accommoder du chômage.

Que seront ces industries, à peine le sait-on encore. Il en existe déjà d'importantes, d'autres sont à l'étude. Ces gros consommateurs se placeront autant que possible près des chutes d'eau pour éviter les déperditions et les frais du transport; ce n'est que sur eux qu'il faut compter pour utiliser, par des emplois qu'on a appelés complémentaires, la quotité irrégulière qui représente, ne l'oublions pas, la plus grosse partie de la puissance des forces naturelles. Devant être servis sans engagement et par grosses quantités, ils ne pourront l'être sans difficultés que par eux-mêmes, c'est-à-dire que, économiquement parlant, c'est par eux que l'ensemble pourra le mieux être mis en valeur. Ceux qui pourront créer des usines centrales de distribution ce sont surtout ceux qui auront en main une industrie capable de consommer en huit ou dix mois de grosses masses d'énergie, sauf à se ralentir ou à s'arrêter pendant les basses eaux ; on ne traiterait pas aisément avec un tiers pour l'emploi d'un résidu aussi massif et aussi peu garanti. Et ceux qui n'auront envisagé au début que la distribution ne tarderont pas, pour utiliser leurs énormes surcroîts de force saisonnière, à chercher à créer eux-mêmes les industries qui pourront les consommer.

La force naturelle des cours d'eau est essentiellement variable ; pour sa mise en valeur qui comporte de gros risques et nécessite tant de souplesse, faut-il s'en remettre à l'Etat qui procèdera par règlements uniformes et par cahiers des charges, ou doit-on compter sur l'initiative individuelle qui s'ingéniera à s'accommoder avec souplesse de toutes les situations, qui persévèrera à tirer parti de toutes les ressources ?

Toute la question est là, si toutefois on ne songe qu'à l'avenir. Mais si on veut bien ne pas oublier un présent qui déjà en France n'est pas sans valeur, il faudra également se préoccuper quelque peu des situations acquises : l'intervention de l'Etat dans la matière serait une innovation radicale qui aurait grand'peine à ne pas froisser les droits actuels.

Tel est le problème de législation que vous m'avez fait

l'honneur de m'inviter à étudier ce soir avec vous. Vous allez vous apercevoir que j'ai fait de larges emprunts aux travaux de MM. P. Bougault et L. Michoud. Je les remercie de m'y avoir autorisé.

I

Législation actuelle.

Les rivières qui sont *navigables ou flottables* font, comme vous savez, partie du domaine public sur tout le parcours où elles ont été classées comme telles. Les riverains n'y ont aucune espèce de droits. L'Etat est libre, dans les conditions où il le juge utile, d'accorder à qui bon lui semble des autorisations de dériver les eaux et d'utiliser leur énergie ; mais notre législation veut que ces autorisations soient révocables sans indemnité.

Cette précarité gêne la création de grands établissements industriels ; elle ne peut être levée actuellement que par une loi spéciale, comme celle qui a autorisé la dérivation de Jonage.

On aperçoit de suite l'intérêt qu'il y aurait à ce qu'une loi générale vienne autoriser, une fois pour toutes, l'administration à concéder, dans des conditions déterminées, le droit de dériver les eaux des rivières du domaine public.

A ce point de vue les projets de loi dont nous allons nous occuper méritent de retenir l'attention et je vous signalerai certains amendements qui pourraient utilement diminuer les charges et augmenter la stabilité des concessions.

Tout au plus pourrait-on faire observer que le classement actuel ne répond plus aux conditions économiques des transports de notre temps, que le flottage a perdu beaucoup de son intérêt et que s'il se présentait sur les cours d'eau classés des utilisations de la force motrice il serait à souhaiter que, pour permettre le passage de quelques rares trains ou bateaux, l'administration n'impose pas au concessionnaire l'établissement immédiat d'ouvrages dont la dépense serait hors de toute proportion avec les intérêts auxquels ils correspondent.

Sur les cours d'eau qui ne sont *ni navigables ni flottables*, la situation légale est toute différente, et les questions qu'elle soulève ont donné lieu à des controverses historiques.

Avant 1789, la jouissance de toutes les eaux non navigables ni flottables était l'apanage des seigneurs haut justiciers qui en disposaient en général au moyen de concessions ou d'albergements.

Vivement critiqué comme despotique par les cahiers des Etats généraux de 1788, ce privilège féodal fut aboli comme tous les autres dans la nuit du 4 août 1789 et ces cours d'eau tombèrent dans la banalité.

Les lois de la période révolutionnaire ne s'étant occupées sur ce point que des intérêts de la salubrité et de l'agriculture, ce n'est qu'en 1804 que les rédacteurs du Code civil eurent à prendre un parti. Ils se décidèrent à ne pas parler de la propriété des cours d'eau non navigables et à confirmer aux riverains un droit spécial d'usage des eaux. La disposition naturelle des lieux rendait nécessaire cette attribution qui n'était qu'une équitable compensation.

C'est ainsi que furent rédigés les articles 644 et 645 du Code civil.

L'utilisation de la force motrice des cours d'eau n'avait lieu à cette époque que par petits tronçons et pouvait le plus souvent être faite par un seul propriétaire dans les limites de son héritage. Le Code n'avait donc point à se préoccuper d'instituer des procédés légaux permettant d'utiliser les eaux sur un parcours plus étendu.

Cependant, dès 1808, une loi nouvelle sur le régime des eaux fut mise à l'étude, mais ce n'est qu'à la fin du second Empire qu'un projet régulier put aboutir à être mis sur pied. Suspendu par les événements, repris en 1876 par le Gouvernement, soumis en 1878 à l'examen d'une nouvelle grande commission, le projet de loi sur le régime des eaux fut déposé le 24 janvier 1880. La discussion de 1883 au Sénat, et notamment l'intervention de M. Lenoël et de M. Léon Clément, avait nettement refoulé certaines tendances du rapporteur M. Cuvinot, qui inclinait à une mainmise plus accentuée de l'administration sur les droits des riverains. Le projet voté par le Sénat fut déposé à la Chambre à plusieurs reprises, et rapporté en 1888 par M. Maunonry, qui proposait de reconnaître plus explicitement encore que ne l'avait fait la législation antérieure le droit du riverain à utiliser la pente de l'eau, et de consacrer le principe de l'indivision de la pente du cours d'eau séparant des héritages, afin d'en permettre la licitation.

Si ces dispositions n'ont point passé dans la loi ce n'est point qu'elles aient paru inadmissibles ou que la Chambre ait refusé de les voter. C'est simplement parce que le projet étant resté en souffrance pendant plusieurs législatures, la commission qui le reprit en 1897, peu avant la fin d'une nouvelle législature, ne jugea pas à propos d'y introduire des additions au texte voté par le Sénat dont l'adoption aurait eu pour conséquence d'entraîner le retour de la loi devant la haute assemblée(1).

On se résolut donc, pour ne pas retarder cette partie du Code rural, à laisser de côté les titres V et VI du projet de 1880 (eaux utiles et eaux nuisibles), et on vota les quatre premiers titres tels qu'ils venaient du Sénat.

C'est la loi du 8 avril 1898 sur le régime des eaux. Sauf en ce qui concerne la propriété du lit qu'elle attribue aux riverains, cette loi n'a pas modifié le Code quant aux droits d'usage des riverains.

---

(1) « Le projet de loi, dit M. Delbet, rapporteur de la commission « de 1897, ne s'occupe pas directement de la propriété des chutes « d'eau non actuellement utilisées. La commission de la Chambre, « en 1888, avait pensé qu'il y avait lieu de le compléter sous ce « rapport ; elle voulait surtout prévenir les empiétements de « l'administration sur les biens qui sont susceptibles de propriété « privée, et l'empêcher d'en disposer arbitrairement. Notre « commission actuelle avait d'abord adopté cette idée ; mais « après un examen plus attentif de la question, elle a constaté « qu'il n'y avait aucune urgence à légiférer en vue d'abus très « peu probables ; il lui a paru qu'il serait facile de présenter « sur ce point un projet de loi spécial, si l'utilité en était recon- « nue, mais qu'il importe avant tout de ne pas retarder le vote de « cette partie du Code rural depuis si longtemps préparée en « soulevant, sur un sujet de peu d'importance pratique, une dis- « cussion qui exigerait le renvoi de la loi au Sénat. » (Chambre. Documents parlementaires, session ordinaire, 1897. Annexe 2649, page 1546.)

Voici finalement les textes à retenir :

Code civil. Art. 644. — Celui dont la propriété borde une eau courante autre que celle qui est déclarée dépendance du domaine public par l'article 538 au titre de la distinction des biens, peut s'en servir à son passage pour l'irrigation de ses propriétés.

Celui dont l'eau traverse l'héritage peut même en user dans l'intervalle qu'elle y parcourt, mais à la charge de la rendre à la sortie de ses fonds à son cours ordinaire.

Art. 645. — S'il s'élève une contestation entre les propriétaires auxquels les eaux peuvent être utiles, les tribunaux, en prononçant, doivent concilier l'intérêt de l'agriculture avec le respect dû à la propriété, et dans tous les cas les règlements particuliers sur le cours et l'usage des eaux doivent être observés.

Loi du 8 avril 1898. — Art. 9. — L'autorité administrative est chargée de la conservation et de la police des cours d'eau non navigables ni flottables.

Même loi. — Art. 2. — Les riverains n'ont le droit d'user de l'eau courante qui borde ou qui traverse leurs héritages que dans les limites déterminées par la loi. Ils sont tenus de se conformer, dans l'exercice de ce droit, aux dispositions des règlements et des autorisations émanées de l'administration.

Ainsi, en France, le droit d'usage des eaux conféré aux riverains est consacré par un texte formel. C'est un droit réel et immobilier, comme les droits de tréfonds, d'alluvion, d'accession, etc.

Les auteurs du Code civil, en 1804, a-t-on dit, ne pouvaient avoir songé qu'aux emplois agricoles, et les droits qu'ils ont reconnus aux riverains n'allaient point au delà.

Le paragraphe 2 de l'article 644 est parfaitement clair. Quant aux idées qu'on pouvait avoir en 1804 sur les emplois industriels des chutes d'eau, souvenons-nous bien qu'alors, avant les machines à vapeur, on n'avait pas d'autre source d'énergie que les chutes d'eau. Sans parler des moulins, la métallurgie, une métallurgie, existait à cette époque, et ceux d'entre vous, Messieurs, qui connaissent l'histoire de la charmante vallée de la Fure, par exemple, savent que, où sont maintenant ces superbes tissages et ces inimitables papeteries, il y avait au début du siècle, presque partout, des fonderies, des affineries, des martinets.

Et depuis 1804 le législateur, s'il n'a rien promulgué, a parlé, il a parlé récemment, en 1883, en 1888, en 1897, toujours pour reconnaître et défendre le droit des riverains.

Les riverains souffrent seuls des dommages que cause le voisinage d'un cours d'eau, tels que les débordements ; les riverains supportent seuls les dépenses de défense et d'entretien ; le curage leur incombe et peut même être exécuté par l'administration, d'office et à leurs frais.

Telles sont les charges de situation dont le droit à la pêche et à l'usage des eaux ne sont que la compensation toute naturelle.

D'autres personnes d'ailleurs ne sauraient accéder

au cours d'eau pour en jouir sans traverser la propriété des riverains.

Ces droits d'usage des eaux que le riverain tient du Code, qui viennent de recevoir de la loi de 1898 une consécration explicite et actuelle, sont donc morcelés comme la propriété des rives.

Pour créer une de ces grandes chutes d'eau que réclame l'industrie actuelle, il faudra grouper ces droits sur une longueur considérable ; voyons quelles difficultés on va rencontrer.

Les berges des cours d'eau sont souvent peu productives, ce sont quelquefois des rochers inaccessibles dont on a peine à connaître le propriétaire réel, dont la délimitation même n'est ni précise, ni commode à préciser ; des indivisions occultes existent, d'autant plus laborieuses à découvrir que les actes de transmission de la propriété n'auront pas reçu depuis longtemps de forme authentique.

Qu'on ajoute à cela l'ignorance ou l'esprit de spéculation des propriétaires, les lenteurs ou les exigences quelquefois par trop exagérées des administrations publiques chargées de la tutelle ou de la gestion des propriétés communales.

En pratique, celui qui avait en vue une utilisation immédiate et assurée de la force est presque toujours parvenu à triompher de ces difficultés, mais les « barreurs de chute » ont souvent arrêté les revendeurs qui voulaient acheter sans avoir l'emploi immédiat de la chute.

Au surplus, la législation actuelle permet à la rigueur de passer outre : les tribunaux sont là, selon l'article 645, pour mettre ordre à la spéculation de propriétaires qui chercheraient à exercer une obstruction abusive en revendiquant des droits que pratiquement ils ne peuvent pas exercer ou en exagérant l'exercice qu'ils peuvent en faire. Un arrêt de la cour de Grenoble en date du 7 août 1901 a consacré ce principe déjà posé par d'autres décisions en fixant comme base du règlement à intervenir la satisfaction des besoins réels et actuels du riverain.

Mais pour créer une chute d'eau il ne suffira pas d'avoir concentré les droits des riverains, il faudra encore acquérir et avec non moins de difficulté, les droits de passage de la dérivation. Là, l'obstruction ou le chantage peuvent avoir des conséquences beaucoup plus graves encore.

Nouveaux projets de loi.

Ces titres V et VI du projet de 1880, que le législateur de 1898, dans sa hâte d'aboutir, avait laissés de côté, ce titre V qui devait étendre les droits accordés par les lois de 1845 et 1847 aux propriétaires qui voulaient irriguer leurs terres, leur reprise s'impose donc ; il faut une loi nouvelle, dans l'intérêt général, pour dégager l'industrie hydraulique de l'obstruction ou du chantage.

Au lieu de s'en tenir à l'orientation définie par cette longue étude récemment encore discutée et précisée par le Parlement, c'est une réforme radicale qui fut imaginée, tendant, au moment même où la loi de 1898 allait être promulguée, à en retourner de fond en comble l'assiette.

M. Jouart, député de la Savoie, déposait le 3 mars 1898 un projet de loi n° 3093, dont l'exposé des motifs se terminait ainsi :

« Nos voisins, les Suisses et les Italiens, n'ont pas « hésité comme nous à refondre sur ce point leur « législation pour la mettre en harmonie avec les « nécessités nouvelles de l'industrie. Ils ont notamment « attribué depuis longtemps à l'Etat la propriété de tous « les cours d'eau. Faisons comme eux si nous voulons « tirer tout le parti possible des richesses naturelles que « la situation physique donne si libéralement à notre pays. « La houille blanche est non moins précieuse que la « houille noire et nous en avons davantage ».

Une proposition de loi analogue (n° 263), fut déposée à la législature suivante par le même député et fut renvoyée à la Commission parlementaire relative aux distributions d'énergie. Celle-ci déposa en mars 1900 (n° 1536) un contre-projet provisoire ; enfin le 6 juillet le Gouvernement, après intervention d'une nouvelle Commission, déposait à son tour une proposition de loi (n° 1822).

Ces deux derniers projets de loi impliquent tous deux pour l'Etat le droit de concéder la force hydraulique des cours d'eau toutes les fois qu'elle atteindra, en eaux moyennes, 100 chevaux bruts (projet du Gouvernement) ou 200 chevaux bruts (projet de la Commission parlementaire).

Dans les deux systèmes, l'institution de la concession concentre bien les droits des riverains, mais en les faisant tomber tous, avec compensation pour ceux d'irrigation et pour les autres droits dont il est fait usage, mais sans aucune compensation pour tous les droits autres que celui d'irrigation dont les riverains n'auraient pas fait usage.

L'institution de la concession aurait donc, au regard de ces droits, la même portée qu'une véritable déclaration d'utilité publique. Dans ce cas, vous le savez, s'il y a incorporation de propriété, on exproprie, et les indemnités sont fixées par le jury; mais, s'il y a seulement dommage causé, l'indemnité est réglée par les tribunaux administratifs, qui ne tiennent compte que des dommages directs, matériels et actuels.

La situation ainsi faite aux propriétaires lésés par l'exécution des travaux publics est particulièrement rigoureuse, et il ne serait pas impossible que les réclamations des intéressés ou la pression de l'opinion publique n'amènent cette jurisprudence elle-même à s'atténuer. En attendant et tant qu'elle subsiste sa rigueur même exige qu'elle soit strictement réservée à son objet et qu'elle ne s'étende pas au delà. Elle ne doit s'appliquer qu'à l'exécution de travaux déterminés dont l'utilité publique a été préalablement constatée et reconnue dans les formes légales.

Actuellement les riverains ne risquent donc d'être dépouillés sans indemnité de leur droit éventuel d'usage qu'en cas de création d'une chute d'eau déclarée d'utilité publique, c'est-à-dire affectée à un service public et, même dans ce cas, ils ont une sauvegarde et ils en ont usé, c'est de veiller à ce que l'expropriant ne fasse pas de la chute un autre usage que celui en vue duquel elle a été déclarée d'utilité publique.

Les lois proposées étendraient cette situation à toutes les chutes d'eau de plus de 100 ou 200 chevaux. La spoliation gratuite du droit d'usage éventuel des riverains, au lieu d'être une rare exception, deviendrait la règle générale et cette spoliation serait au bénéfice de chutes affectées dans une proportion plus ou moins grande à l'industrie privée.

L'article 644 du Code civil ne sera pas abrogé, mais il ne pourra plus s'appliquer qu'à l'irrigation ou aux usines sans importance. Un propriétaire possédant dans son héritage une chute d'eau, un usinier qui en a acquis une pour l'affecter à une industrie nouvelle ou au développement de son industrie actuelle se verront simplement dépossédés si cette chute a plus de 100 ou 200 chevaux. Aujourd'hui cependant ce propriétaire, cet usinier ont le droit d'user de cette chute quand ils voudront, personne ne peut en user à leur place, personne ne peut les empêcher d'en user.

Les usines existantes seraient maintenues sous le régime actuel, sauf dans le cas où il s'agirait d'accroître leur puissance antérieure, et où elle atteindrait alors 100 ou 200 chevaux. Dans ce cas, elles tomberaient elles aussi, sous le régime de la concession, c'est-à-dire que, de propriétés privées qu'elles étaient, elles *passeront dans le domaine public*. Il est vrai que dans le système de la Commission parlementaire le Ministre aura la faculté de ne pas imposer la concession, mais comment supposer qu'il se résignera, ou qu'on le laissera se résigner à ne pas rendre publique une usine, le jour où il en aura la faculté. Ce jour-là, remarquons-le bien, le bon plaisir du Ministre aura la faculté de changer la nature d'une propriété.

II

Principe de la concession.
Sur quoi baser cette innovation ?

Cherchons d'abord sur quelle base on peut asseoir le principe de la concession.

L'administration concède des entreprises de transport, elle concède des mines, pourquoi ne concèderait-elle pas aussi la force motrice naturelle ?

Pour les entreprises de transport la concession est basée, dans nos mœurs, sur l'institution d'un véritable monopole jugé utile à l'intérêt général. Ce n'est pas ainsi qu'on peut envisager l'industrie hydraulique.

De tout temps chez nous, avant, pendant et depuis la Révolution, les mines étaient régies par le droit régalien. L'abolition de la féodalité n'a pas fait tomber ce droit, et en outre la loi du 28 juillet 1791 est venue déclarer toutes les mines à la disposition de la nation.

La nation ayant seule droit sur les mines et ne pouvant les exploiter elle-même est bien obligée de choisir un exploitant ; jusqu'à présent elle avait cherché à confier la mine « au meilleur » ; les idées nouvelles tendraient à la faire attribuer « au plus offrant ». Le gîte minéral n'est pas visible au jour, il est seulement présumé et mal déterminé avant d'être mis en exploitation, donc il y aura forcément dans la délimitation d'une concession de mines un grand arbitraire qu'il convient de faire apprécier par l'administration. On s'est décidé en investissant ce concessionnaire du droit que la nation lui cède, à en faire un véritable propriétaire, cela a paru le seul moyen de le déterminer à tirer le meilleur parti possible du gisement dont l'exploitation lui était confiée.

On voit déjà quelles différences existent entre les mines et les chutes d'eau sur ces divers points : les mines sont propriété nationale, leurs gîtes sont inconnus d'avance et leur périmètre forcément arbitraire, mais on trouve un autre ordre de différences plus tranché encore, si on examine les conditions commerciales de l'exploitation des unes et des autres : les produits de l'extraction minérale (charbons, minerais, etc.) ne perdent point de leur valeur après qu'ils ont été mis au jour, ils peuvent être mis en stock, pour n'être consommés qu'au bout d'un temps plus ou moins long, leur transport est relativement peu coûteux en ce sens qu'il ne double leur valeur qu'à des distances de plusieurs centaines de kilomètres. Les mines peuvent donc rester indépendantes des usines qui emploient leurs produits. Au contraire l'énergie hydraulique ne peut pas être mise en stock, elle doit être consommée au fur et à mesure et à l'instant même de sa production. Elle ne se transporte pas aussi aisément (à 180 kilomètres de distance sa valeur sextuple par les frais ou les pertes du transport). Tout ceci tend à solidariser les usines d'emploi avec les chutes d'eau qui engendrent l'énergie.

Comme l'air, comme l'eau de la mer qui sont choses n'appartenant à personne, « *res nullius* », et dont l'usage est commun à tous, l'eau courante est « *res nullius* » et, bien que depuis la loi de 1898 le lit des cours d'eau communs appartienne aux riverains, la pente de ce lit, la pente de l'eau, dit-on par une subtile distinction, est restée, elle aussi, officiellement « *res nullius.* » En effet, la loi de 1898 ne s'est pas occupée de la propriété des chutes d'eau non utilisées, et le rapporteur de la Chambre des

députés nous a dit pourquoi, c'est parce que les empiétements de l'administration sur des biens qui sont susceptibles de propriété privée étaient des abus très peu
probables. Mais cette loi de 1898 n'a pas supprimé, elle a
au contraire de nouveau confirmé le droit d'usage des
riverains. Les riverains, pas plus que personne, ne peuvent s'approprier l'eau courante, mais ils ont le droit
de s'en servir à son passage ; personne ne peut empêcher l'eau de couler dans son lit le long de leur propriété, personne ne peut la détourner à leur préjudice.
Un propriétaire qui possède les deux rives d'un cours
d'eau du domaine commun peut, de par l'art. 644, § 2,
se servir de l'eau dans son héritage, la détourner de son
lit et en faire tel usage qui lui convient, sauf à la rendre
à la sortie de ses biens et à se soumettre aux règles de
police établies par l'administration.

Cette eau, cette pente de l'eau, qui sont *« res nullius »*,
sont donc affectées d'abord, par titre spécial, à l'usage
des riverains ; par conséquent, lorsque l'administration
ou les lois de police, selon l'art. 714 du Code civil,
auront à régler la manière de jouir de cette eau, de cette
pente de l'eau, comme des choses qui n'appartiennent
à personne et dont l'usage est commun à tous, elles devront avant tout respecter le droit à usage que les riverains ont spécialement sur ces choses et qu'ils tiennent
du Code lui-même. Le devoir de règlement de l'administration, loin de lui conférer le droit de soustraire ces choses à ceux qui ont sur elles un droit explicite et légal,
l'oblige au contraire à protéger avant tout l'exercice de
ce droit, comme elle doit protéger toute propriété.

Ce n'est donc pas sur ces idées, sur cette controverse,
qu'on peut réellement asseoir l'institution de la concession.

Services publics.

Faut-il en chercher l'origine dans le souci de réserver de l'énergie à bon compte aux services publics, transport, éclairage, élévation d'eau, etc.? Ce motif aurait le mérite, au moins en apparence, au point de vue juridique de fournir à l'industrie vis-à-vis des tiers des pouvoirs coercitifs corrects puisque, associée aux services publics et confondue avec eux, elle serait armée comme eux, comme l'exécution des travaux publics.

On se préoccupe peut-être de l'épuisement fatal, quoique encore éloigné, des mines de houille. Pour tout mettre au point de ce côté il faut se rappeler qu'en 1899 tous les chemins de fer grands et petits de France, y compris les tramways, les ateliers et dépendances, n'ont consommé que moins de 5 millions 1/2 de tonnes de houille, alors que la consommation totale française dépassait 45 millions de tonnes dont 3 millions pour l'industrie minière et 8 millions pour la métallurgie.

Les chemins de fer consomment annuellement moins d'une tonne de houille par cheval de leurs appareils à vapeur, ce fait caractérise bien la discontinuité de leurs besoins d'énergie. Sera-t-il pratique de faire cadrer les exigences de ce trafic avec les convenances des industries qui utiliseraient par des emplois complémentaires l'énergie des usines génératrices? On a émis des doutes sur ce point de l'autre côté des Alpes.

Mais la dépense de charbon n'intervient que pour une faible part (1/9 environ en Italie) dans les frais d'exploitation des voies ferrées ; lorsque la houille viendra à manquer pour elles, elle manquera en même temps à toutes les industries dont les transports constituent le trafic des chemins de fer.

Que peut-on attendre en somme de la traction électrique? Ce ne sera pas une économie dans les frais d'exploitation qui seront sans doute plus élevés. Ses partisans entrevoient plutôt l'accélération ou la multiplication des trains ou l'accroissement du trafic, d'autres aussi espèrent pouvoir réaliser des économies dans l'établissement du tracé des lignes nouvelles qui peuvent rester à construire. Mais ici encore la distribution fort inégale de la houille blanche dans notre pays limitera forcément à un cercle restreint les grands progrès qu'on espère, si l'expérience vient à montrer dans l'avenir la possibilité pratique de ces progrès. Notre pays n'est semblable ni à l'Italie ni à la Suisse. L'orographie, la population y sont distribuées tout autrement. Ce qui pourra être démontré comme étant la vérité au delà des Alpes ou du Jura, ne le sera pas nécessairement en-deçà. Nos grandes Compagnies de chemins de fer peuvent aujourd'hui très justement penser que leur principal intérêt est de voir se développer l'industrie hydraulique dont l'activité, par sa situation reculée, doit leur fournir un trafic avantageux.

Si on laisse à ces Compagnies l'indépendance commerciale dont elles sont trop souvent privées, nul doute que, lorsque leur intérêt y sera, elles sauront en France mieux encore qu'ailleurs tirer parti de l'énergie hydraulique.

Et comment prévoir *a priori* les besoins éventuels de ces services publics? On sera tenté de leur réserver beaucoup, plutôt trop, et le meilleur ; en attendant l'industrie en sera privée, ou ne pourra en disposer qu'à titre précaire, d'où mauvaise utilisation générale.

Si on veut leur assurer une part privilégiée, pourquoi

ne pas leur réserver telle ou telle mine de houille, telle ou telle chute d'eau sur les rivières du domaine public, puisque l'Etat en dispose par ses titres actuels ?

En tant que consommateurs d'énergie, les services publics ne sont qu'une industrie comme une autre ; ils doivent payer ce qu'ils prennent, et se procurer leur alimentation sur le marché. Par les privilèges qu'on leur accorderait on n'aboutirait qu'à gêner les industries qui alimentent la production nationale et qui alimentent les services publics eux-mêmes (les recettes des chemins de fer ne sont-elles pas en effet le meilleur baromètre de l'activité des affaires ?)

Et ces privilèges que serait-ce, sinon une prime à la multiplication de ces entreprises stériles inutiles et coûteuses que les pouvoirs publics sont trop sollicités de laisser créer au grand préjudice de l'intérêt général?

Des idées absolues ont fait récemment imposer aux entreprises de chemins de fer d'intérêt local l'incorporation dans leur concession des usines centrales qui engendrent l'énergie nécessaire à la traction. Vous l'avez vu pour les tramways de Lyon. Sans doute ces idées s'atténueront avec le temps : voici ce qu'écrivait récemment M. l'ingénieur en chef de La Brosse au sujet du tramway de Grenoble à Chapareillan qui loue à MM. Bergès de Lancey, la force motrice nécessaire à sa traction :

« Cette installation réalise en France le premier
« exemple d'un important réseau (43 kilomètres) obte-
« nant son énergie par l'eau sous pression louée à des
« tiers. Une telle combinaison pourrait dans bien des
« cas faciliter les entreprises de traction, il est à désirer
« qu'elle se généralise et que les Compagnies de tram-

« ways ou de chemins de fer soient autorisées, moyen-
« nant des garanties convenables, d'ailleurs faciles à
« trouver, à emprunter leur énergie à des industries
« hydrauliques déjà en place, sans être obligées d'amé-
« nager elles-mêmes, de toutes pièces, des chutes nou-
« velles souvent impossibles à acquérir et dont elles
« utiliseraient rarement toute la puissance. »

Si on veut mettre en valeur une région déshéritée,
c'est d'abord l'industrie qu'il faut chercher à y attirer et
à y fixer. Si l'industrie est autour d'eux libre et prospère,
c'est en lui faisant appel, en lui offrant un surcroît d'activité et provoquant des concurrences, que les services
publics pourront encore le plus avantageusement se faire
alimenter, sans avoir à user de leurs pouvoirs coercitifs.

Enfin si leurs besoins nés et actuels venaient à le
comporter, ils se procureront par eux-mêmes alors les
forces motrices dont ils auraient l'emploi; la faculté
qu'ils ont d'exproprier leur permettra de ne redouter
aucune obstruction, et même, en général, d'obtenir de
gré à gré des conditions acceptables.

Pouvoirs généraux de l'Administration.

L'administration, chez nous, n'a pas qu'à régler l'usage
des choses communes ou à instituer des services publics.
Ses pouvoirs d'ensemble et entre autres sa grande mission d'arbitrer et d'administrer les intérêts généraux,
pourraient-ils justifier son intervention dans la concession des chutes d'eau ?

« C'est un grand défaut pour un gouvernement,

« écrivait Napoléon Ier, que de vouloir être trop père ;
« à force de sollicitude il ruine et la liberté et la pro-
« priété. »

Cependant aujourd'hui on va jusqu'à dire : cette richesse nouvelle des chutes d'eau ne doit pas rester improductive ; au nom de l'intérêt général, la puissance publique doit s'en emparer pour en empêcher le gaspillage ou la stérilisation et la distribuer à quiconque se présentera pour l'utiliser.

Que cette richesse nouvelle soit détenue par certains ayants droit, que ces détenteurs se prétendent capables d'en tirer parti eux-mêmes et qu'ils l'aient prouvé en installant des forces cinq ou dix fois supérieures aux besoins actuels, ce ne sont pas détails à faire reculer les apôtres de ces nouvelles théories.

Taine a montré, en étudiant le Régime Moderne, quelle était la sanction fatale de ces doctrines (1).

Au moins, si on veut en France recommencer ces expériences, qu'on n'en fasse pas porter la première tentative sur une industrie naissante qui a tout à créer, qui a plus que toute autre besoin de souplesse, d'indépendance et de sécurité, qui porte une des légitimes espérances de notre pays.

Oui, il faut faire travailler les chutes d'eau, chaque jour de retard est une perte irréparable. Mais qui pourra leur trouver de la besogne à faire ? Ce ne sont pas des fonctionnaires, ce sont des industriels qui auront pour cela à déployer toute leur énergie, toute leur persévérance, à exposer toutes leurs ressources pécu-

---

(1) Le *Régime Moderne*, tome I, pages 149, 151 à 154.

niaires. Comment les y déterminerez-vous, si vous les asservissez à l'administration, si, de propriétaires qu'ils sont aujourd'hui, vous les transformez demain en *locataires* de l'Etat?

Les partisans de l'Ecole interventionniste n'ont du reste pas besoin de rechercher si haut la mission de l'Etat.

D'après le décret d'août 1790, chap. VI, l'administration doit rechercher et indiquer les moyens de diriger les eaux vers un but d'utilité générale (oublions même les mots qui suivent dans le texte : « d'après les principes de l'irrigation »). Ce devoir qu'elle a à remplir ne lui donne pas le droit de s'emparer de toutes les eaux pour en faire appropriation privative à tout autre que les usagers légaux. Le décret institue une mission directrice supérieure que toute *loi* nouvelle devra maintenir, mais ce serait l'étendre abusivement que de transformer cette mission en un pouvoir général et complet de disposition. Et la loi du 8 avril 1898, art. 9, en attribuant à l'Administration la fixation du régime général de ces cours d'eau, lui rappelle une fois de plus qu'elle doit respecter la propriété et les droits et usages antérieurement établis. Ce ne serait pas fixer le régime général que de concéder les chutes successives d'un cours d'eau.

L'Administration n'a que très rarement établi de ces règlements généraux, principalement en cas de conflits violents entre plusieurs groupes d'usagers, ou pour autoriser des régularisations d'écoulement qui profiteront en général à tous les riverains. Elle n'opère que par mesures d'ensemble, après enquête et manifestation des intérêts en jeu.

Elle est présumée désintéressée, ce qu'elle ne serait plus si elle avait l'arrière-pensée des services publics. Et comme elle n'agit que dans l'intérêt général et pour le mieux de tous, si elle vient à froisser quelque particulier, l'art. 14 de la loi de 1898 ordonne que les droits des usagers, même des usagers autorisés par l'Administration, tomberont sans indemnité devant le règlement du régime général.

Cette rigueur même et ce sacrifice que la loi impose aux usagers dans l'intérêt général sont une raison de plus pour que l'Administration restreigne strictement l'usage de ses pouvoirs aux objets qui leur sont attribués par la loi.

Aménagement des cours d'eau.

On a souvent parlé de l'aménagement rationnel des chutes d'eau ; ce serait excellent en effet d'y tendre, et l'Administration remplirait bien son rôle de Conseil et de Directeur des intérêts généraux en réunissant, comme elle le pourrait si bien, les données du terrain et les mettant sous les yeux des intéressés, sous forme de cadastre par exemple, comme on a commencé à le faire chez nos voisins. Cet inventaire, nous le demandons, nous l'attendons et nous savons qu'il ne laissera rien à désirer.

Entre dresser un cadastre et instituer administrativement et *a priori* un programme formel, un cadre strict en dehors duquel rien ne pourrait se faire, où certaines chutes seraient choisies et marquées pour les besoins éventuels de services publics encore à naître, il y a un pas que l'intérêt général doit lui-même empêcher de franchir. Ce cadre serait obstructionniste au premier chef, les chutes y seraient barrées sans appel.

Ce sont les intérêts particuliers, entrant seuls en jeu, qui chercheront et trouveront peu à peu leur aliment, en concurrence les uns avec les autres.

A un moment donné, n'entreront-ils pas en conflit ? Probablement si, mais ce n'est pas à l'Administration de chercher à les départager ; elle doit se borner à les conseiller, si elle le peut, à les protéger en tous cas. C'est précisément de cette expansion et de cette lutte que le progrès naîtra.

De la liberté et de la liberté seule peut sortir l'aménagement, rationnel ou non, qui répondra le mieux aux besoins du pays et à l'intérêt général. Avec la liberté seule, cet aménagement tendra de plus en plus à la perfection et se tiendra adéquat aux nécessités de l'époque.

Fixons les idées : voici un cours d'eau présentant trois chutes successives en A, B, C, séparées les unes des autres par des paliers à pente faible plus ou moins longs. On peut faire une dérivation avec chute facile à aménager en A, autant en B, autant en C, séparément. Mais en réunissant A avec B, ou B avec C, ou même A avec B et avec C, on peut par une dérivation plus longue et plus coûteuse aménager une chute sensiblement plus puissante et plus avantageuse que les forces réunies de chaque chute prise isolément.

S'il y a un programme administratif établi, faudra-t-il réserver la belle force A B C jusqu'à ce que le service public qui la convoite soit en état de l'utiliser, et en attendant repousser toute demande d'utilisation pour

A ou pour B ou pour C séparément ? Alors cette petite chute sera stérilisée, on ne sait pour combien de temps. Ou bien faudra-t-il repousser une demande isolée sur A ou sur B ou sur C, sous prétexte que tel ensemble serait meilleur ? Quelle est la compétence qui oserait prendre sur elle de dire ce qui est meilleur ? Le meilleur, c'est ce qui se fait, c'est ce qui travaille.

Si, au lieu de présenter des chutes successives, le torrent a une pente régulière ou à peu près, le même raisonnement subsiste *a fortiori*, la création d'une force motrice donnée ne dépendra plus alors que de l'emplacement où on voudra asseoir l'usine et de la hauteur de chute qui sera nécessaire.

La division des cours d'eau en sections utilisables, dont on fait une grosse difficulté, n'en est une que lorsqu'on veut y procéder arbitrairement et d'avance, en dehors des besoins actuels. En pratique, ce sectionnement, c'est la nature elle-même qui l'a fait, il est écrit sur le terrain, et il n'y a besoin d'aucune recherche technique pour savoir où on doit prendre l'eau pour faire une chute et où on devra la rendre. Chaque besoin, chaque industrie trouvera sa chute et s'y établira.

Alors, quel gaspillage ! La seule cause de gaspillage c'est l'obstruction, l'obstruction d'où qu'elle vienne, de l'Administration, du riverain, du meunier, du petit usinier vis-à-vis du plus grand. Ce n'est qu'en supprimant l'obstruction que le gaspillage tombera, et il tombera tout seul, sous la simple action de l'initiative individuelle.

Bien entendu, pour supprimer l'obstruction, il ne faut violenter ou dépouiller personne : le riverain, le meunier, le petit usinier doivent être équitablement et largement dédommagés ; rien de ce qu'ils auront entrepris ne devra être arrêté ; ils devront garder tous leurs moyens d'action, mais sans paralyser l'établissement de moyens d'action plus grands et plus profitables à l'intérêt général.

S'il y a conflit, ce n'est pas à l'Administration de départager ; son rôle est au-dessus de cette fonction ; les tribunaux de droit commun seront saisis, et ils devront concilier les intérêts en présence, empêcher les troubles oiseux.

Il faut en venir en somme à donner au créateur d'une chute d'eau le moyen de passer outre aux obstructions.

On trouve une solution, comme l'ont fait le Gouvernement et la Commission parlementaire, en grevant chaque chute d'une fourniture à faire aux services publics ; on arriverait par cet *artifice* à revêtir l'usine privée d'un caractère suffisant pour motiver à son profit la déclaration d'utilité publique.

Mais on voit d'abord que cette solution est incomplète : en effet, les chutes de moins de 100 chevaux ou de 200 chevaux pourront encore comme aujourd'hui être empêchées ou arrêtées par les obstructionnistes. N'y a-t-il pas cependant, à la création ou au fonctionnement de semblables forces motrices naturelles, autant d'intérêt général qu'il n'y en a au drainage ou à l'irrigation d'une propriété ? Et bien des régions en France ne se trouvent dotées que de chutes d'eau de cette importance.

Réserves pour les services publics.

De plus, ce n'est pas sans intention que je me suis servi tout à l'heure du mot *artifice* : Examinons ce que pourront être les quantités d'énergie réservées aux services publics.

Qui dit service public dit un service qui n'admet par essence même aucune interruption, aucun ralentissement aucune irrégularité en aucun cas ; il faut toujours pouvoir le satisfaire, non seulement en eaux moyennes, mais même en étiage, même en basses eaux exceptionnelles. Or les usines publiques, d'après le projet de loi de la Commission parlementaire, seront celles d'au moins 200 chevaux bruts en eaux moyennes. Que donnera une telle usine en étiage ? D'après les statistiques de M. R. Tavernier, l'étiage serait les 3/5 des eaux moyennes ; d'après de nombreuses constatations, faites sur divers cours d'eau, aménagés ou non, l'étiage serait beaucoup plus bas encore, et les basses eaux exceptionnelles qui reviennent quelquefois plusieurs années de suite et peuvent se maintenir plusieurs jours consécutifs, encore beaucoup plus basses. A moins d'obliger les concessionnaires à se pourvoir d'accumulateurs ou à établir des machines à vapeur pour assurer des fournitures régulières aux services publics, la nature elle-même ne permettra pas de fournir à ces services publics plus d'énergie que n'en donnent les basses eaux, et pour que la limite ne soit pas plus basse encore il faut supposer qu'à ce moment, le concessionnaire consentira à se priver totalement d'énergie, soit pour ses autres fournitures, soit pour sa propre industrie, soit même pour le seul éclairage de son usine.

Si on a promis des réserves plus grandes, force sera de manquer à sa promesse.

On y remédiera, dira-t-on, en aménageant les cours d'eau.

Oui, certes, quand le terrain le permettra, mais ce sera l'exception.

Si les plus basses eaux sont le quart des eaux moyennes (l'étiage étant les 3/5) une usine publique de 200 chevaux ne pourra en fournir que 50, bruts, aux services publics. Si les plus basses eaux ne sont que le dixième des eaux moyennes (et sur certains cours d'eau fort intéressants, elles sont encore moitié moindres), les réserves publiques seront limitées à 20 chevaux bruts.

Que feront les services publics de ces 50, de ces 20 chevaux bruts, réduits encore d'un quart au moins par le rendement des turbines, et d'un autre quart peut-être par le rendement des machines électriques, des transformateurs et des lignes de transport ?

Est-ce bien la peine de mettre en mouvement, pour de telles réserves de force, tout l'appareil administratif organisé par les projets de loi ?

Avec le projet du Gouvernement, ce n'est plus 200 chevaux, c'est 100 chevaux qui caractérisent l'usine publique. Selon le régime du cours d'eau, on pourra réserver aux services publics non plus 50 ou 20 chevaux, mais 25 ou 10 chevaux bruts, à réduire en raison du rendement des turbines et appareils électriques.

Ce n'est pas là, comme s'exprime l'exposé des motifs du Gouvernement : « un aménagement de force impor-
« tant qui excède les conditions ordinaires des usines
« privées dans l'état actuel, et qui justifie l'intervention
« administrative pour assurer les réserves d'énergie dont
« les services publics pourront avoir besoin plus tard ».

Des réserves d'énergie si limitées ne sont pas un pré-texte suffisant pour motiver la déclaration d'utilité publique en faveur de l'usine à créer.

Les limites de force prévues pour caractériser les usines publiques paraissent donc trop basses et de beaucoup, et le régime proposé laissera toujours désarmées contre l'obstruction toutes les usines dont la puissance sera inférieure à ces limites.

Que de vastes entreprises, comme celle de Jonage, comme celle du Haut-Rhône, comme d'autres encore, motivent un acte spécial de concession, rien de plus évident. Quelque loi générale que l'on fasse d'avance le pouvoir législatif sera toujours amené à statuer par décisions spéciales sur les cas spéciaux qui mériteront de provoquer son intervention. Les solutions seront spéciales aussi, et une législation préalable n'aura jamais pu déterminer un cadre assez vaste et assez souple pour répondre par avance à tous les besoins.

Non, la création des chutes d'eau n'est pas en général une question d'utilité publique. Aucun artifice n'arrivera à lui donner ce caractère. C'est devenu une grande question d'intérêt général ; si le législateur le reconnaît et juge utile à notre pays de faciliter cette création, il doit répudier toute mesquine restriction en faveur des services publics ; il doit franchement avouer que c'est au nom de l'intérêt général qu'il arme la création des chutes d'eau des pouvoirs coercitifs qui lui sont indispensables, comme il a armé le drainage, l'irrigation, l'exploitation des mines ; il doit ménager les tiers qui auront à subir une atteinte, les dédommager largement, sans arbitraire, et sans les placer abusivement sous le coup des conséquences d'une déclaration d'utilité publique qui serait détournée de ses fins si elle devait profiter à un intérêt privé, même masqué derrière une proportion quelconque de réserves publiques.

III

Fonctionnement de la concession.

Offensive des droits des riverains et artificielle dans son principe, incomplète dans sa solution, comment cette concession fonctionnerait-t-elle ?

Ingérence de l'Etat.

Les ingérences politiques ou autres pénètreront dans l'allure intérieure de l'usine ; on voudra interdire à l'industriel de chômer, réglementer arbitrairement spécialement et en dehors du droit commun le travail ou le salaire de ses ouvriers. L'exemple de ce qui se passe à l'heure actuelle pour les mines et les chemins de fer est un salutaire avertissement pour nous.

Et encore toutes les mines nationales étant soumises aux mêmes règlements, la répercussion de cette aggravation factice de leurs prix de revient est uniforme pour toutes et n'a d'autre résultat que de favoriser l'importation de combustibles ou de minerais étrangers. De même pour les chemins de fer, la surcharge de leurs frais d'exploitation pèse également sur tous. Au contraire, les industries hydrauliques sont obligées de chercher l'écoulement de leurs produits sur le marché où elles rencontrent d'autres produits fabriqués en France par d'autres sources d'énergie. Si l'ingérence de l'Etat vient élever le prix de revient de l'énergie hydraulique, elle la placera dans une situation inférieure à celle de ces concurrentes et nuira à son utilisation.

Délais d'institution.

Quant aux délais, j'ai analysé les formalités préalables à l'institution d'une concession selon le projet de la commission parlementaire (voir annexe n° 3) : outre deux enquêtes et la consultation des conseils généraux et municipaux, il n'y a pas moins de quatre interventions ministérielles, deux avis successifs d'une commission mixte à instituer, un avis du Conseil d'Etat, un décret, peut être précédé de deux autres; les formalités d'expropriation commenceront ensuite. Tout est parfaitement coordonné, et on ne peut prévoir que des complications d'instruction.

Avec le projet du gouvernement, les choses ne pourront pas être sensiblement plus expéditives ; ce projet, beaucoup plus succinct, se réfère à un règlement d'administration publique à intervenir, et prescrit l'établissement d'un cahier des charges à discuter pour chaque concession.

Déjà les industriels hydrauliques ont eu l'expérience des formalités administratives lorsque leurs acquisitions ou leurs travaux atteignaient le domaine communal. C'est cette expérience qui les rend peu confiants dans ce qui arriverait s'ils venaient à dépendre en tout et pour tout de l'administration.

Choix du concessionnaire.

L'administration aura d'abord à choisir le concessionnaire. S'il y a choix à faire, l'intérêt général exige que ce choix se porte sur celui qui sera capable de tirer le meilleur parti de la chute.

S'il faut attendre une ou plusieurs années pour exproprier et commencer ensuite les travaux de dérivation, souvent ce ne sera pas le demandeur primitif en concession qui mettra l'usine en marche. Il éclora spontanément des omniums, des intermédiaires.

L'expérience montre au surplus combien celui qu'on juge le meilleur au moment d'un concours peut devenir un médiocre agent, et démentir les espérances, les garanties même qu'il avait données avant de se mettre à l'œuvre.

Le choix du début sera donc presque illusoire.

Il faut bien cependant que l'administration en fasse un. Si un seul demandeur se présente, on voudra sans doute atermoyer pour lui susciter des concurrents ou les attendre. S'il y a enfin plusieurs candidats, est-ce l'inventeur, le plus capable, le plus offrant qui aura la préférence ?

La commission parlementaire incline vers un système complexe, l'appréciation d'ensemble étant confiée au Conseil d'Etat ; le projet du gouvernement donne la préférence au plus offrant.

Quelles influences seront alors mises en jeu pour faire triompher telle ou telle personne ! L'administration, si mauvais juge des intérêts privés, aura cependant alors à les départager par une extension extrême de sa compétence ; est-elle certaine de pouvoir demeurer impartiale, et résister aux pressions qui s'exerceront ?

Fiscalité.

C'est sans doute pour écarter tout soupçon d'arbitraire que le projet du gouvernement fait porter exclusivement son criterium non seulement sur les tarifs de vente de l'énergie réservée aux services publics, mais aussi sur des « *concours financiers* à des entreprises d'utilité publique dans la région ».

La formule serait nouvelle dans une loi, surtout lorsqu'on cherche à « éviter de donner à la réforme propo- « sée un caractère fiscal ».

C'est une charge, fiscale ou non, une charge indéterminée excitant toutes les convoitises faisant miroiter l'impossible.

La commission parlementaire classe dans les motifs de préférence les droits acquis du demandeur sa capacité et ses ressources, mais elle y admet aussi l'importance des réserves d'énergie et les tarifs auxquels elles seront livrées aux services publics. Ce dernier élément, indiqué d'ailleurs comme prépondérant et le seul possible à chiffrer, sera l'échappatoire d'une administration embarrassée ou sollicitée dans son choix et, si mitigé qu'il soit, c'est encore de la fiscalité.

Les services publics ne devraient pas tirer le moindre profit de la concession d'un droit dont on dépouille les riverains.

Ils sont les clients les plus difficiles à servir puisque, en Italie par exemple, on a reconnu que les besoins des chemins de fer pouvaient atteindre par moments jusqu'à six fois leur consommation moyenne d'énergie. Ils devraient donc payer leur force motrice d'autant plus cher qu'ils sont plus exigeants ; cependant, s'il y a concession par l'Etat, il faudra faire aux chemins de fer des tarifs réduits. La commission parlementaire va même jusqu'à stipuler dans son projet (art. 28, § 7) que les services publics ne devront jamais payer plus cher que le particulier le mieux traité : enserré dans cette clause draconienne, l'industriel sera matériellement empêché de consentir pour ses emplois complémentaires les tarifs tout à fait réduits qu'exigeraient ces fournitures irrégulières et massives. C'est la plus extrême souplesse commerciale qu'il lui faudrait et on lui coupe littéralement les bras pour rechercher ses débouchés.

Le projet du Gouvernement est muet, mais le cahier des charges qu'il prescrit ne sera sans doute jamais moins léonin sur ce point capital.

A voir les embarras pécuniaires d'un grand nombre des industries hydrauliques actuelles, on reconnaîtra qu'il eût été imprudent de les surcharger encore par la moindre fiscalité, fût-elle détournée. Les impôts de droit commun ne manquent pas de les atteindre, c'est tout ce que l'Etat peut et doit leur demander comme aux autres industries similaires (1).

---

(1) « Par un effet naturel, économique, c'est toujours le consommateur qui finalement supporte la charge de l'impôt dont l'industriel n'est en quelque sorte que le collecteur indirect pour le compte de l'Etat. » (Journal le *Temps*, 18 novembre 1901.)

Durée de la concession.

Enfin la concession est instituée.

Le Gouvernement ne l'admet que temporaire, comme en matière de travaux publics ; sa durée n'étant pas déterminée par la loi, ce sera un des éléments du concours ou du marchandage préalable ; nous savons que les tendances actuelles sont à des concessions extrêmement courtes.

L'industriel devra donc amortir ses immobilisations d'après la durée de la concession. On dira que cinquante ans, soixante-quinze ans, dépassent la durée de toute industrie et suffiront à ses besoins, et que c'est en vingt ans, quinze ans, souvent même moins, qu'il faut avoir tout amorti. On dira aussi que les usines où l'énergie s'emploiera ne sont pas comprises dans la concession, et je reviendrai sur ce point. Mais le seul aménagement d'une chute d'eau nécessite des mises de fonds importantes (de 500 à 1.000 francs par cheval *moyen* dans les conditions courantes, alors qu'une machine à vapeur ne coûtera que 300 francs d'après M. Blondel). Obliger son créateur à l'amortir rapidement, alors que son effet utile aura en général une très longue durée, c'est déjà fausser la situation et grever l'entreprise, sans nécessité réelle, d'une surcharge excessive qui diminuera les avantages de l'utilisation.

Si c'est l'Etat qui concède, peut-on réellement espérer qu'il fera profiter l'industrie hydraulique de l'avenir et elle seule du bénéfice de ces amortissements trop rapides ?

On ne peut concéder à temps qu'un organe parfaitement déterminé, précisé par un cahier des charges, ayant à remplir une fonction donnée, moyennant des recettes ou des péages assurés et réguliers. C'est bien le cas des travaux publics. On amortira facilement alors dans le délai voulu. Et encore des travaux complémentaires ne manqueront pas de devenir nécessaires pendant la durée du contrat, ne serait-ce que pour augmenter les installations ; si la concession approche de sa fin l'exploitant hésitera à entreprendre ces travaux, obligé qu'il serait de les amortir en trop peu de temps. Et enfin des procédés nouveaux de traction, d'éclairage, etc., viendront à surgir au cours de la concession ; on sait quels conflits s'élèvent alors, quels retards se produisent dans les avantages que le public pourrait retirer de ces procédés nouveaux. Et cependant la fonction à remplir était déterminée d'avance, sauf quelques développements ou perfectionnements.

En industrie, il faut à toute époque pouvoir en très peu de temps s'agrandir, transformer radicalement les procédés, l'outillage, pouvoir même changer du tout au tout la base même et l'objet de l'industrie. Si ces circonstances adviennent peu avant l'expiration de la concession, après que celle-ci aura duré n'importe quel temps, aux difficultés du moment il faudra ajouter l'incertitude et les délais d'un renouvellement de concession, et le plus souvent la transformation nécessaire sera matériellement impossible à réaliser ou devra se réaliser par d'autres moyens. Une industrie donnée n'a qu'un temps évidemment, mais ses évolutions sont par essence si brusques et si imprévues qu'elles ne sauraient jamais cadrer avec des périodes fixées d'avance et arbitrairement.

Pour obvier à cette difficulté le Gouvernement propose d'ouvrir la procédure d'institution d'une concession nouvelle dans les cinq ans qui précèdent l'expiration. La difficulté subsiste en son entier, elle n'est pas résolue, elle est seulement déplacée ; l'instant critique est avancé de cinq ans, période insuffisante pour rendre possibles de nouvelles installations, période trop longue pour attirer si longtemps d'avance un nouveau concessionnaire qui aurait cinq ans à attendre avant d'utiliser.

L'échéance d'une concession temporaire est fatale, aucun expédient ne peut faire qu'elle n'aboutisse pas, et cette échéance sera une longue période morte.

La Commission parlementaire évite ce grave inconvénient, en donnant à la concession une existence perpétuelle analogue à celle des concessions de mines.

Déchéance.

Mais temporaire ou perpétuelle, il est de l'essence même d'une concession d'être soumise à la déchéance et au rachat et c'est encore la concession à temps qui sera la moins exposée au rachat.

Les cas de déchéance, explicitement restreints dans le projet de la Commission parlementaire et reportés au cahier des charges prévu par le Gouvernement, seront appréciés et jugés par les tribunaux administratifs.

Rachat.

Dans nos deux projets le rachat sera décidé par décret en Conseil d'Etat. Toutefois la Commission parlementaire ne l'autorise que « pour un motif d'intérêt public ».

« Par exemple, dit-elle, l'Etat peut vouloir organiser « dans des conditions plus profitables à l'intérêt public « le régime hydraulique d'un cours d'eau, en fusion- « nant deux ou plusieurs usines en une seule ayant un « meilleur rendement. Ou bien encore, l'Etat peut vou- « loir modifier, malgré la résistance du concessionnaire, « les conditions stipulées par le décret de concession en « ce qui concerne les conditions des fournitures à faire « au service public. »

Comme toute garantie, le concessionnaire aura le droit d'être préalablement entendu.

Prix du rachat.

Le Gouvernement fait déterminer le prix du rachat par une Commission d'arbitrage analogue à celle insti- tuée pour le rachat des chemins de fer d'intérêt local. La Commission parlementaire attribue cette mission à la juridiction administrative, comme un simple règle- ment en matière de dommage causé par les travaux publics.

« Les questions à apprécier sont, dit-elle, trop diffi- « ciles ou trop complexes pour qu'on puisse en attribuer « le jugement à des arbitres. Il ne peut être attribué « aux tribunaux civils sans déroger aux règles ordinai-

« res de compétence en cas de litige entre l'Etat et ses
« concessionnaires. »

Cependant, dans une formule d'une clarté parfaite,
la Commission parlementaire a précisé que le prix du
rachat serait fixé à la valeur actuelle des dépendances
immobilières de la concession ; elle a même indiqué
par quel calcul s'établirait cette valeur actuelle. Et les
exemples d'arbitrage institué par la loi sont les plus
nombreux pour le rachat des concessions. (1)

---

(1) Pour les ponts à péage (loi du 30 juillet 1880, article 3) pour les
chemins de fer d'intérêt local et les tramways (loi du 11 juin 1880,
articles 11 et 39) pour les canaux (loi du 29 mai 1845) même en
fait pour les chemins de fer d'intérêt général (article 37 du cahier
des charges). Déjà dans le projet de loi de la Commission parlementaire, ce sont des arbitres qui sont institués pour la révision
des tarifs (article 28, 6e) et pour l'évaluation des dépenses utiles
faites par le concessionnaire déchu.

Le projet de la Commission parlementaire prévoit de plus une
éventualité spéciale de rachat. Son examen permet de prendre
une idée plus complète du fonctionnement et des conséquences
du rachat. D'après l'article 27 de ce projet, l'Administration
pourra, par décret, apporter des modifications permanentes au
régime ou aux ouvrages hydrauliques de la concession, et, de ce
fait, pourra réduire l'énergie restante au concessionnaire après
les prélèvements publics, qui sont irréductibles. Cette réduction
donnera lieu à des indemnités qui seront réglées par le Conseil
de Préfecture, mais si cette énergie restante est inférieure à la
moitié de ce qu'elle était antérieurement, le concessionnaire
pourra requérir le rachat, et si le rachat est refusé, l'expropriation de sa concession. L'expropriation sera faite comme en matière de chemins vicinaux.

Telle quelle, cette formule, pour ne pas mettre aux mains de
l'Administration une arme abusive contre l'industriel, devrait
déjà être amendée ; une réduction, par le fait de l'Administration,
du tiers ou du quart, au lieu de la moitié, serait une atteinte

Les deux projets de loi, voulant donner au concessionnaire pour les débuts de son exploitation la garantie d'une complète sécurité, stipulent que l'Administration ne pourra pas exercer son droit de rachat avant l'expiration d'une première période de quinze ans. Ce délai est admis pour diverses concessions de travaux publics, mais ce que je viens de dire à propos de la durée de la concession, ce que je vais dire à propos des usines d'emploi montre, je crois, combien l'assimilation est difficile, et combien un délai de sécurité beaucoup plus prolongé semblerait indispensable pour la concession des chutes d'eau (1).

Ainsi, après avoir engagé des capitaux considérables dans la captation, l'aménagement et la dérivation des eaux, dans les acquisitions de terrain et la construction et l'outillage des usines de création de force motrice, le concessionnaire n'aura sur toute cette entreprise qu'un

---

bien suffisante à son industrie pour lui ouvrir le droit au rachat, et ce rachat ne devrait pas pouvoir alors être contesté ou refusé et devrait être un droit pour le concessionnaire s'il le demande ; l'Administration, seul auteur de ces modifications qui troublent l'industrie, l'administration qui en retirera sans doute des avantages, ne devrait pas avoir encore la faculté d'exposer l'usinier aux risques d'une expropriation. Une autre garantie pourrait encore être donnée à l'usinier, au moins dans ce cas tout spécial, celle d'être admis à justifier du rendement net de son établissement pendant les quatre ou cinq dernières années, et d'obtenir que le prix du rachat lui en fasse compensation.

(1) Il est intéressant de se reporter aux réflexions sur la durée et la stabilité nécessaires à ces concessions, que M. l'Ingénieur en chef de la Brosse a présentées dans son rapport sur les installations hydro-électriques des Alpes (pages 20 et 21).

droit d'usage, temporaire dans le système du Gouvernement, perpétuel dans le système de la Commission parlementaire, mais précaire dans les deux systèmes à cause de l'éventualité de la déchéance et du rachat.

Le seul fait pour l'exploitant d'une chute d'eau d'être investi de son titre par l'Etat vicie ce titre dans son origine même et sa base. Quelles que soient les précautions prises pour le confirmer, et la Commission parlementaire n'en a négligé aucune, la précarité subsistera.

Cette dernière menace, celle du rachat, reste à elle seule inacceptable pour ceux qui ont à s'aventurer dans les risques industriels. Il ne s'agit plus là d'établir et de gérer un service public, mais de s'exposer à des luttes techniques et commerciales, d'affronter des périodes critiques avec la sécurité de ne pas se voir évincé au moment le plus scabreux. L'Administration aurait le droit de modifier le régime de la concession, de surcharger les prix de revient, de racheter à son gré (car l'intérêt public qui doit être son criterium peut toujours être apprécié arbitrairement, des intérêts concurrents y pousseront). Au moins, le rachat ne doit-il pas pouvoir s'exercer avant une longue période, au moins un arbitrage doit-il donner toutes garanties dans la fixation du prix, au moins la valeur actuelle ne doit-elle pas être le seul élément de ce prix : Les coûteuses surprises qu'on a pu avoir dans les travaux d'établissement resteraient à la seule charge du concessionnaire racheté, en risquant de le ruiner du coup.

Usines d'emploi.

La concession comprend uniquement la force hydraulique et les ouvrages nécessaires à son aménagement à l'exclusion des usines ou des ouvrages d'utilisation qui emploient industriellement la force créée. Cette conception si arbitraire, si contraire à la pratique des choses, est commune aux deux projets de loi et paraît une inévitable conséquence du principe de la concession, mais il en naît de sérieuses difficultés pour le moment où expirera la concession.

Le Gouvernement admet que dans ce cas l'Etat ou le nouveau concessionnaire seront tenus d'assurer les fournitures d'énergie pendant cinq ans; la concession instituée par la Commission parlementaire étant perpétuelle, l'éventualité ne se présentera qu'en cas de rachat ou de déchéance, alors les obligations régulièrement contractées par le concessionnaire précédent continueront à être exécutées et ne s'éteindront que si les ayants droit cessent leur exploitation pendant un an (certaines transformations d'usines dureront davantage).

Toutes ces usines d'emploi, toutes leurs immobilisations (qui auront en général été plus importantes, et parfois beaucoup plus, que celles de l'aménagement de la force) participeront à la précarité de la concession, et les conséquences de l'expiration, de la déchéance et du rachat, auront une incidence inévitable sur toute l'industrie qui utilisera l'énergie.

Pour être indirecte, cette incidence n'en sera que plus dangereuse. Les intérêts concurrents auront une trop belle occasion de spéculer sur la situation pour la laisser échapper. Et l'Administration, qui doit rester au-dessus des contestations privées, y sera engagée avec la tâche malaisée de concilier les graves conflits qui naîtront et de les concilier malgré les interventions de toute nature qui entreront de nouveau en jeu.

Elle aura la seule ressource dont elle use lorsque des

difficultés de ce genre se présentent à elle, la ressource d'attendre, ce qui est souvent une grande sagesse. Mais pendant ce temps, que deviendront les intérêts en jeu, ne se détourneront-ils pas d'un agent de production grevé de pareilles incertitudes ?

Telle serait cette concession, si contraire dans son principe au droit actuel, si difficile à concevoir et à organiser à part des usines d'emploi, si menaçante pour les industries tributaires de l'énergie hydraulique, d'un maniement si dangereux enfin pour l'Administration elle-même.

Pourra-t-on au moins l'entourer de meilleures garanties ? La Commission parlementaire l'a cherché et est prête à le faire encore, avec une science accomplie et dans l'esprit le plus sincèrement libéral. Les quelques amendements que je me suis permis de vous indiquer remédieraient à certains inconvénients de détail, mais rien ne pourra atténuer les funestes conséquences du principe, la précarité originelle du titre, l'arbitraire et l'intrusion administratifs qui s'attachent forcément à toute concession.

IV

Bases proposées pour un nouveau projet de loi.

Ne pourrait-on pas, pour faire œuvre plus utile quoique assurément plus modeste, ne pas chercher le progrès si loin, ne pas froisser tant de situations acquises, ne pas bouleverser l'assiette d'une industrie naissante, prendre comme base le droit actuel et compléter l'œuvre et l'esprit de notre Code civil, en le rendant adéquat aux besoins nouveaux, en permettant l'évolution souple et spontanée de l'industrie, la laissant libre de s'installer partout où elle aura une fonction à remplir et dans la mesure de cette fonction, lui donnant le moyen de grandir dès qu'il conviendra, sans obstruction possible, comme sans violation gratuite d'aucun droit, en maintenant enfin aux tribunaux de droit commun la mission de départager les conflits d'intérêts privés qui surgiraient?

Plusieurs personnes l'ont pensé, et sur leur demande, M. L. Michoud a bien voulu préparer un projet de loi dont je vais vous exposer les bases en regrettant que le temps m'oblige à l'abréger. Le tout n'était pas de vous exposer les craintes que peuvent faire concevoir les projets de loi que vous connaissez. Il ne suffit pas de critiquer, il ne suffit même pas de suggérer que d'autres systèmes sont possibles, il faut encore le démontrer en les mettant sur pied pour les offrir à la discussion. Il ne peut pas être inutile, pour fournir des bases précises au débat parlementaire qui va s'ouvrir, de soumettre à vos réflexions et à vos critiques les éléments d'une solution que vous pouvez aider à rendre meilleure.

Le rapport s'est terminé par la lecture presque complète de l' « Exposé d'une proposition de loi » qui est reproduit à l'annexe n° 1 ci-après :

ANNEXE N° 1

EXPOSÉ D'UNE PROPOSITION DE LOI

Licitation des droits des riverains.

La Commission de 1888 s'était bornée à réglementer la licitation entre le riverain d'un côté, voulant utiliser la pente de l'eau le long de sa propriété, et le riverain ou les riverains de la rive opposée. Sans doute, on ne peut pas dire au sens strict du mot, qu'il y a indivision entre tous les riverains du cours d'eau relativement à la pente de l'eau. Mais leur situation se rapproche de l'indivision proprement dite par cette circonstance que l'objet qu'ils possèdent en commun ne peut être pleinement utilisé qu'en réunissant entre les mêmes mains les diverses portions qui leur appartiennent. L'intérêt économique du pays exige cette concentration comme il exige celle des parts indivises existant sur un même objet, et pour des raisons analogues. Il n'y a donc rien d'excessif à étendre à cette situation le droit de provoquer la licitation, qui aura pour résultat de concentrer leurs parts en indemnisant pleinement ceux qui en seront désormais privés. La plus grave difficulté se trouve ici dans la détermination de la section du cours d'eau dont le riverain pourra demander la licitation ; il va sans dire en effet qu'il ne peut être question de la faire porter sur la totalité de la rivière ; il faut, au contraire, arriver à partager le parcours total en une série de sections, combinées de manière à utiliser le mieux possible la pente de l'eau. Nous pensons que cette détermination doit être laissée aux intéressés eux-mêmes ; leur intérêt personnel est la meilleure garantie possible d'un bon aménagement du cours d'eau. Mais il sera nécessaire de faire intervenir une décision d'autorité lorsqu'il y aura divergence entre eux sur ce point. Le projet que nous présentons porte en conséquence que le riverain qui voudra provoquer la licitation déterminera lui-même l'étendue de la section pour laquelle il la demande. Mais si d'autres riverains estiment qu'un sectionnement différent est préférable, ils pourront, dans le délai de trois mois à partir de la publication de la demande, soit indiquer les motifs qui peuvent être allégués en faveur d'un autre sectionnement, soit former une demande concurrente, et le choix entre les divers sectionnements proposés sera fait par le tribunal, après une enquête confiée à l'Administration et un débat contradictoire.

Des précautions sont prises d'ailleurs pour s'assurer que ceux qui concourent à l'adjudication ne sont pas de simples spéculateurs, agissant dans un but d'obstruction et peut-être de chantage. On ne doit pas exiger pour cela qu'ils aient la qualité de riverains ; l'admission des tiers à l'adjudication est, en effet, le moyen le plus sûr d'éviter que celle-ci puisse se faire à vil prix, au détriment des intérêts des riverains eux-mêmes. Mais on doit imposer aux concurrents, quels qu'ils soient, deux conditions essentielles : ils devront d'abord déposer un cautionnement, destiné à garantir le paiement du prix d'adjudication et, au moins en partie, celui des indemnités que l'adjudicataire aura à payer dans la suite. Puis l'adjudicataire, une fois son droit définitivement établi, devra utiliser réellement la chute d'eau dans un délai très bref ; nous proposons de décider qu'il sera tenu, dans les deux mois de l'adjudication définitive, de demander l'autorisation administrative pour l'établissement des ouvrages nécessaires à l'utilisation de la chute, et de se conformer ensuite aux délais qui lui seront imposés par l'Administration pour la construction de ces ouvrages. Faute de remplir ces conditions, une nouvelle adjudication pourra être poursuivie à sa folle enchère. Les conséquences de la folle enchère sont réglées à l'art. 8 de telle sorte que l'adjudicataire évincé soit indemnisé dans la mesure du possible de ses débours, tout en restant personnellement responsable des obligations qu'il a assumées.

Droits et obligations envers les tiers.

Il faut encore régler la situation de l'adjudicataire une fois en possession des droits de riveraineté, concentrés entre ses mains par la licitation. Il devra tout d'abord obtenir, pour l'établissement des ouvrages nécessaires à l'utilisation de la chute, l'autorisation administrative dans les termes des lois existantes. Cette condition remplie, il sera investi, vis-à-vis des tiers, de certains droits qu'il est indispensable de lui conférer si l'on veut rendre possible l'aménagement industriel des cours d'eau. La construction des usines hydrauliques nécessitera en général les mesures suivantes : 1° relèvement du plan d'eau par l'établissement du barrage ; 2° construction d'une canalisation amenant l'eau sur les turbines et de canaux de décharge la ramenant à la rivière. En outre, elle pourra entraîner, dans une certaine mesure, une atteinte aux usines déjà existantes et une diminution des irrigations existantes ou possibles.

A tous ces points de vue, il est nécessaire de régler la situation de l'usinier et de déterminer ses droits et ses obligations d'une manière précise.

En ce qui concerne l'établissement du barrage, le relèvement du plan d'eau et la construction des canalisations, on pourrait se borner à étendre purement et simplement aux besoins de l'industrie les servitudes établies au profit de l'irrigation par les lois du 29 avril 1845 et du 11 juillet 1847. C'est la solution qui avait été adoptée dans le projet de loi sur le régime des eaux déposé par le Gouvernement à la date du 24 janvier 1880. Les articles 122 à 124 de ce projet permettaient au propriétaire voulant utiliser la force motrice des eaux dont il avait le droit de disposer : 1° d'établir en travers des cours d'eau et sur les propriétés riveraines les ouvrages d'art nécessaires à la création de cette force motrice, à la charge d'une juste indemnité pouvant être payée sous forme de redevance annuelle ; 2° de faire passer les canaux, sous les mêmes conditions, sur les fonds compris entre la prise d'eau et l'extrémité du canal de fuite, et d'y exécuter les ouvrages nécessaires pour en assurer la circulation et la conservation. Les contestations relatives à l'application de ces servitudes étaient confiées au juge de paix ; les bâtiments, ainsi que les cours et jardins attenant aux habitations, en étaient de plein droit exemptés. On pourrait se borner à reproduire ces textes, en substituant à la compétence du juge de paix celle des tribunaux civils, plus naturelle à raison de l'importance des ouvrages nécessaires. Ce serait simplement étendre à l'industrie une faveur depuis longtemps accordée à l'agriculture, et qui, tempérée par le pouvoir d'appréciation laissé aux tribunaux, n'a jamais entraîné d'inconvénients graves. Il n'est pas à méconnaître cependant que les ouvrages nécessaires à la création des forces hydrauliques peuvent causer à la propriété privée des dommages beaucoup plus importants que les dérivations agricoles. Nous avons pensé qu'il était nécessaire de tempérer l'application de ces servitudes par une faculté que nous reconnaissons aux propriétaires qui en seront grevés. S'ils estiment que les dommages causés à leurs terrains sont de telle nature que la propriété même en est affectée, ils pourront exiger que l'usinier fasse l'acquisition de ces terrains, toutes les fois qu'il s'agira de terrains submergés autres que les berges non susceptibles de culture ou de terrains occupés par les ouvrages ou traversés par des canaux à ciel ouvert. Dans ce cas, l'estimation du prix sera faite par le tribunal. La loi sur les mines du 21 avril 1810, art. 43, nous fournit un exemple d'acquisitions analogues faites par les concessionnaires de mines. Elle dispose que l'industriel sera obligé, si le propriétaire l'exige, d'acquérir en entier la pièce de terre trop endommagée ou dégradée sur une trop grande partie de sa surface. Elle ajoute que le terrain à acquérir devra être payé au double de la valeur qu'il avait avant l'occupation. Nous avons reproduit ces dispositions, très respectueuses de la propriété privée, et qui constitueront pour les intéressés des garanties précieuses. L'usinier pourra en outre être obligé par le tribunal à effectuer tous les ouvrages nécessaires pour assurer la communication des parcelles traversées.

Nous croyons qu'en y ajoutant les tempéraments que nous venons d'indiquer, l'extension à l'industrie des servitudes admises depuis longtemps déjà en faveur des irrigations n'offre rien d'anormal, et ne peut inquiéter sérieusement aucun intérêt.

Reste à régler la situation de l'usinier vis-à-vis des personnes ayant des droits à l'usage de l'eau dans la section touchée par l'établissement de l'usine. C'est l'objet des articles 11 à 13 de notre proposition qui reproduisent, avec quelques variantes, les dispositions des articles 21 et 22 du projet provisoire rapporté par M. Guillain. Dans notre système, il y a une catégorie d'intéressés dont nous n'avons pas à nous préoccuper, parce qu'elle a déjà été indemnisée : ce sont les riverains qui n'ont pas à se plaindre d'autre chose que de la privation de la pente de l'eau et qui d'ailleurs n'ont pas encore utilisé cette pente. Ils ont été indemnisés par la répartition du prix d'adjudication faite entre eux sur les bases déterminées à l'art. 4. Le projet du Gouvernement et celui de la Commission parlementaire laissent ces intéressés tout à fait en dehors de leurs dispositions, et se bornent à déclarer qu'ils n'ont droit à aucune indemnité parce qu'ils n'ont fait encore aucun usage du droit qui leur appartenait (projet du Gouvernement, p. 5 ; projet de la Commission, p. 29). Nous ne saurions trop nous élever contre cette règle, qui n'est que la conséquence logique du système de la concession, mais qui n'est justifiable ni en droit ni en équité ; en droit il est inadmissible qu'on puisse être privé sans indemnité d'un droit dont on est investi, uniquement parce qu'on n'en a pas encore fait usage ; en équité, il n'est pas possible de priver de leurs droits les riverains ou leurs cessionnaires alors qu'ils considèrent depuis longtemps ces droits comme ayant une valeur vénale très réelle et qu'ils ont fait souvent de lourds sacrifices pour les acquérir. Notre proposition a, sur les deux projets précités, l'avantage de les indemniser d'une façon complète et adéquate au préjudice qu'ils subissent.

Les autres personnes auxquelles l'établissement de l'usine peut préjudicier sont :

1° Les irrigants ayant déjà fait usage de leurs droits d'irrigation. Ils pourront demander une indemnité qui sera fixée par le tribunal ; l'usinier pourra se libérer vis-à-vis d'eux en leur restituant l'eau en nature et en y ajoutant, s'il y a lieu, une indemnité complémentaire en argent. Réciproquement, ils pourront exiger cette restitution en nature toutes les fois qu'elle sera possible. M. Guillain, dans le commentaire qu'il a présenté sur l'article 21 du projet de la commission, estime qu'elle le sera toujours, et que si elle ne l'était pas, l'usine ne devrait pas être autorisée.

Nous croyons que c'est aller beaucoup trop loin. Le principe ainsi posé pourrait avoir pour conséquence d'empêcher l'établissement d'usines hydrauliques pouvant assurer la richesse de toute une contrée, uniquement parce qu'il rendrait impossible l'irrigation d'une parcelle de terrain de faible importance. Une règle aussi rigide ne saurait être ainsi admise. Ce sera aux tribunaux à concilier les intérêts de l'agriculture avec ceux de l'industrie ; il est entendu qu'ils devront, dans la mesure du possible, maintenir les irrigations existantes, mais ils pourront allouer une indemnité en argent lorsque cela sera reconnu nécessaire à l'intérêt de l'opération, sans d'ailleurs demander à l'agriculture un sacrifice trop considérable.

2° Les riverains ayant droit à l'irrigation, mais n'ayant pas encore fait usage de ce droit. Nous réglons leur situation, dans l'article 12, comme le fait le projet de la Commission, dans son article 22, et nous ne pouvons mieux faire que de renvoyer au commentaire que M. Guillain a donné de cette disposition.

3° Les propriétaires d'usines ou moulins préexistants ayant déjà utilisé partiellement la pente de l'eau dans la section. Leur situation est en réalité des plus simples, parce qu'il sera toujours possible de leur restituer l'énergie dont ils disposaient. S'il n'est pas possible de la leur restituer sous forme d'énergie hydraulique, il sera toujours possible de le faire sous forme d'énergie électrique, et cela suffit à sauvegarder leurs intérêts. L'industriel sera, bien entendu, tenu d'opérer cette restitution, à moins qu'ils ne préfèrent être indemnisés en argent, auquel cas l'indemnité sera fixée par le Tribunal civil (v. l'art. 13 de notre proposition). Au surplus, ces ayants droit ont déjà participé à la licitation, au même titre que les autres riverains, et ils ont été ainsi indemnisés de la portion de force motrice qu'ils n'avaient pas encore utilisée.

Pouvoirs de l'Administration.

On remarquera que notre système ne modifie en rien les pouvoirs accordés à l'Administration par les lois existantes. L'autorisation administrative sera nécessaire aux titulaires de droits de riveraineté pour utiliser la pente des eaux dans les conditions fixées par la législation actuelle. D'autre part, l'Administration restera armée, vis-à-vis de l'usinier, du droit de révoquer ou de modifier les permissions pour les motifs indiqués à l'ar-

ticle 14 de la loi du 8 avril 1898. Tous ses pouvoirs de police restent donc absolument intacts. La nouvelle règlementation des droits des riverains aura seulement pour résultat de rendre l'exercice de son pouvoir d'autorisation infiniment plus facile et plus pratique. Jusqu'ici, comme l'explique fort bien M. l'Ingénieur en chef Tavernier, dans son rapport sur les *forces hydrauliques des Alpes* (1) : « l'embarras des ingénieurs en
« présence des oppositions qui se révèlent aux enquê-
« tes, a toujours été fort grand. Ceux-ci ont souvent été
« conduits à jouer le rôle de conciliateurs, cherchant à
« éviter des procès par des solutions transactionnelles.
« Mais les enquêtes ne révèlent pas tous les droits ;
« d'autres peuvent surgir plus tard (2). L'Administration
« ne se préoccupe pas en général de vérifier d'une façon
« complète si le pétitionnaire est bien en possession des
« terrains nécessaires ; elle ne fixe même pas, sur les
« cours d'eau non navigables, ni flottables, la quantité
« d'eau à dériver, de telle sorte que ses permissions peu-
« vent très bien rester stériles ou n'être utilisées que
« partiellement sans qu'elle ait aucun recours à exercer.

---

(1) P. 103.

(2) On sait que les autorisations administratives ne sont jamais données que « sauf les droits des tiers ». Les explications que nous donnons dans la suite du texte ne tendent pas à détruire cette règle qui est essentielle. Mais en fait, l'Administration se préoccupe, avant de donner une autorisation, des droits qui peuvent arrêter l'exécution des projets du demandeur. Nous montrons qu'avec la règlementation proposée elle s'acquittera beaucoup plus aisément de cette portion de sa tâche, et n'aura plus besoin de rechercher les solutions transactionnelles dont parle M. Tavernier.

« L'Administration ne se préoccupe pas non plus des
« dommages isolés qui peuvent être causés aux riverains
« d'aval par l'assèchement du lit et notamment de l'im-
« possibilité où ceux-ci vont se trouver d'utiliser à leur
« profit la pente des eaux. A ce point de vue, un règle-
« ment d'eau constitue, en fait, une expropriation
« déguisée d'un certain nombre de riverains au bénéfice
« d'un seul, et ce qu'il y a de plus grave, c'est que
« l'expropriation est indéfinie. Le droit créé par le règle-
« ment d'eau subsiste à perpétuité sans clause de
« déchéance ». Ces inconvénients, tolérables tant qu'il
ne s'agissait que de petites exploitations industrielles,
mais devenus très graves depuis que les autorisations
étaient demandées pour de grandes installations hydro-
électriques comportant la dérivation de l'eau sur un
parcours de plusieurs kilomètres, sont pleinement écartés
par la réglementation que nous proposons. Il sera facile
à l'Administration de s'assurer, avant de délivrer une
autorisation, que le demandeur a réuni entre ses mains,
soit à l'amiable, soit par la procédure de licitation, tous
les droits de riveraineté sur la section du cours d'eau
dont il veut utiliser la pente ; ou, tout au moins, de
subordonner son autorisation définitive à la concentration des droits de riveraineté. Les droits des autres
intéressés étant pleinement sauvegardés par les règles
que nous énonçons, l'Administration n'aura plus à
craindre de négliger des droits acquis dont l'opposi-
tion pourra rendre inutile l'autorisation accordée. D'autre part, elle pourra, comme elle le fait déjà, fixer au
demandeur des délais très précis pour l'établissement
des ouvrages et ces délais seront rigoureusement sanc-
tionnés par la possibilité d'une demande en adjudication

nouvelle. On aboutit donc, sans aucune modification profonde de la législation actuelle, sans faire à l'Administration le présent, funeste pour elle-même, du choix à opérer entre les divers demandeurs en concession, à faire produire aux prérogatives qui lui appartiennent déjà, leur maximum d'effet utile.

Chutes d'eau déclarées d'utilité publique.

Sur un seul point, il nous paraît utile de toucher aux pouvoirs de l'autorité administrative, et cela pour les accroître. Il est incontestable que de nombreuses entreprises d'utilité publique peuvent être intéressées à employer des forces hydrauliques, et que l'Administration doit avoir entre les mains un moyen efficace de se procurer dans ce but les forces jugées nécessaires. Il n'est pas besoin pour cela de toucher au principe de nos lois sur l'expropriation. Il suffit de déclarer, comme le fait la proposition provisoire de la Commission parlementaire, ce principe applicable à l'application de l'énergie hydraulique. Nous empruntons à ce projet, dans nos articles 14 et suivants, ses principales dispositions. Nous le modifions cependant sur deux points importants. Tout d'abord, il est indispensable, croyons-nous, que l'énergie soumise à l'expropriation puisse être utilisée accessoirement à des entreprises privées. C'est là une dérogation aux règles générales de la matière ; mais elle se justifie par l'impossibilité où sera souvent l'Administration d'employer à des entreprises d'utilité publique la totalité de l'énergie acquise. Elle doit pouvoir non seulement l'affecter provisoirement à d'autres usages comme le permet l'article 47 du projet de la

Commission parlementaire, mais encore la destiner à ces autres usages d'une manière définitive, parce qu'elle ne pourra pas toujours à l'avance proportionner exactement la force aux besoins des entreprises d'intérêt public qu'elle a en vue. Si on appliquait ici le droit commun, on devrait permettre aux riverains expropriés de demander la rétrocession de la portion de force motrice non employée dans un but d'utilité publique, conformément à la règle posée par les articles 60 et suivants de la loi du 3 mai 1841. Mais cette solution serait très difficile à appliquer dans la pratique, parce que les expropriés, très nombreux, s'entendraient rarement pour l'exercice de ce droit, et qu'on arriverait ainsi à le voir exercer par parcelles insuffisantes pour permettre une exploitation utile. Nous croyons préférable de déclarer nettement que la force expropriée pourra accessoirement être employée à l'industrie privée. Mais il est bien entendu que l'affectation à l'utilité publique devra être la chose principale, et que la portion affectée à des entreprises privées ne pourra en aucun cas dépasser le tiers de la somme totale d'énergie soumise à l'expropriation. L'acte déclaratif d'utilité publique déterminera d'ailleurs lui-même la quantité d'énergie qui pourra être employée à des usages accessoires.

D'autre part, l'expropriation appliquée aux forces hydrauliques aura pour effet de priver de leurs droits, non seulement les propriétaires des terrains nécessaires pour installer les usines projetées, mais aussi les personnes ayant le droit de disposer des eaux dans la section du cours d'eau déterminée par le projet. D'après l'article 53 du projet provisoire de la Commission, ces personnes n'auront droit à une indemnité que si elles faisaient déjà des eaux un usage effectif ; et, même dans ce cas, l'indemnité qui leur sera allouée sera considérée non comme une indemnité d'expropriation, mais comme une indemnité de dommage, et par conséquent, fixée après coup par le Conseil de Préfecture. Ces solutions sont en désaccord avec les idées générales qui inspirent notre proposition. Pour nous, le droit à l'usage des eaux est un droit réel immobilier, accessoire du droit de propriété. Qu'on l'ait ou non déjà utilisé, on ne peut en être privé sans indemnité, et l'acte qui l'enlève directement au riverain ou à son cessionnaire pour le transférer à l'Administration constitue une expropriation proprement dite. Nous croyons donc que l'on doit comprendre parmi les expropriés, non seulement les propriétaires des terrains à acquérir, mais aussi les titulaires des droits de riveraineté, et faire fixer par le jury d'expropriation l'indemnité qui leur sera attribuée. Nous modifions en ce sens, dans notre article 17, le projet provisoire de la Commission parlementaire.

En définitive, le projet que nous présentons se résume en trois séries de dispositions qui forment l'objet de trois chapitres distincts :

Dans le chapitre I (art. 1 à 8), nous posons le principe du droit des riverains et nous règlementons la licitation qui peut en être demandée.

Dans le chapitre II (art. 9 à 13), nous indiquons les droits et les obligations de l'usinier vis-à-vis des tiers à qui l'établissement de l'usine impose une servitude ou occasionne un préjudice.

Dans le chapitre III (art. 14 à 17), nous règlementons la déclaration d'utilité publique des usines hydrauliques et ses conséquences.

ANNEXE N° 2

PROPOSITION DE LOI

CHAPITRE Iᵉʳ

De la licitation des droits de riveraineté.

Article premier. — Celui dont l'héritage est traversé par un cours d'eau non navigable et non flottable peut se servir de la chute d'eau déterminée par le niveau moyen d'entrée sur le fond et le niveau moyen de sortie.

Si le cours d'eau sépare deux héritages n'appartenant pas au même propriétaire, le droit de se servir de la chute appartient à chacun d'eux par indivis sur tout le parcours commun, le tout sauf titre provisoire ou possession contraire.

Dans tous les cas l'exercice de ce droit est subordonné à l'autorisation administrative donnée dans les termes des lois et règlements existants.

Art. 2. — Tout riverain du cours d'eau peut demander que les droits appartenant aux riverains en vertu de l'article précédent, sur une section déterminée du cours d'eau comprenant la partie qui baigne son héritage, fassent l'objet d'une licitation. Cette licitation sera faite dans les termes des art. 966 et suivants du Code de procédure civile, sauf les modifications suivantes.

Art. 3. — La demande déterminera la section du cours d'eau pour laquelle la licitation est réclamée. Elle sera signifiée aux propriétaires de toutes les parcelles riveraines de cette section, tels qu'ils sont désignés à la matrice cadastrale. Elle sera accompagnée d'un plan, dressé par les soins du demandeur, qui sera déposé au greffe du tribunal. La demande sera en outre publiée dans les formes indiquées à l'art. 6 de la loi du 3 mai 1841.

Art. 4. — Si, dans le délai de trois mois à partir de cette publication, aucune demande concurrente n'est formée, et aucune réclamation élevée contre le sectionnement proposé, le Tribunal ordonnera la licitation. Il déterminera les droits des riverains au partage du prix d'adjudication, en prenant comme base la hauteur de la chute au regard de chaque propriété ; de quoi il sera fait mention au cahier des charges.

Toute personne sera admise à concourir à l'adjudication à condition de verser un cautionnement qui sera fixé par le Tribunal, et indiqué dans le cahier des charges.

Art. 5. — Tout riverain du cours d'eau peut, dans le délai de trois mois à partir de la publication de la demande, soit réclamer contre le sectionnement proposé, soit demander une licitation portant sur une section plus ou moins étendue que celle qui a été déterminée par le demandeur originaire. Sa demande à cet effet sera formée et publiée dans les mêmes formes que la demande primitive.

Art. 6. — Dans ce cas, le Tribunal surseoira à statuer. Le Procureur de la République transmettra au Préfet du département toutes les demandes et réclamations déposées au greffe avec les pièces à l'appui. Il sera procédé, par les soins du Préfet, à une enquête administrative qui sera faite dans les formes prescrites pour l'établissement des usines sur les cours d'eau non navigables et non flottables. A la suite de l'enquête l'ingénieur ordinaire adressera son rapport à l'ingénienr en chef, qui le transmettra, avec son avis, au Préfet, lequel sera chargé de le faire parvenir au Procureur de la République. Le tribunal prononcera sur le choix du sectionnement comme en matière sommaire, et ordonnera la licitation d'après le sectionnement adopté.

Art. 7. — L'adjudicataire sera tenu dans les deux mois de l'adjudication définitive, de demander l'autorisation administrative pour l'établissement des ouvrages nécessaires à l'utilisation de la chute d'eau, et de se conformer aux délais qui lui seront imposés par l'Administration pour la construction de ces ouvrages. Faute de quoi une nouvelle adjudication pourra être accordée par le Tribunal sur la demande de tout riverain de la section.

Art. 8. — Dans le cas où une nouvelle adjudication sera ordonnée en exécution de l'article précédent, elle se fera dans les mêmes formes que l'adjudication primitive. Sur le prix de l'adjudication nouvelle, il sera tenu compte à l'adjudicataire primitif des sommes par lui payées, soit à titre de cautionnement, soit en vertu de l'adjudication, soit en vertu des acquisitions de terrains qu'il aura réalisées ou des indemnités qu'il aura payées. Il lui sera tenu compte également de la valeur, estimée à dire d'experts, des travaux qu'il aura effectués. Toutefois ces remboursements n'auront lieu qu'après qu'on aura prélevé sur le prix les sommes nécessaires pour indemniser toutes les personnes envers qui l'adjudicataire restait débiteur, soit du prix d'adjudication, soit des indemnités par lui dues ou des prix d'acquisitions par lui réalisées. Si le prix de l'adjudication nouvelle est insuffisant à solder ces diverses sommes, l'adjudicataire primitif en reste personnellement responsable.

Le surplus du prix d'adjudication, après les divers paiements et remboursements indiqués au paragraphe précédent, sera réparti entre les riverains dans les proportions fixées à l'art. 4.

CHAPITRE II

Des droits et des obligations de l'usinier vis-à-vis des tiers.

Art. 9. — Celui qui voudra utiliser la force motrice des eaux dont il a le droit de disposer pourra obtenir la faculté d'établir en travers des cours d'eau et sur les propriétés riveraines les ouvrages d'art nécessaires à la création de cette force motrice, à la charge d'une juste et préalable indemnité réglée par les tribunaux civils.

Il pourra aussi, sous la même condition, obtenir la faculté de faire passer les eaux sur les fonds compris entre la prise d'eau et l'extrémité des canaux de décharge, et d'y exécuter les ouvrages nécessaires pour en assurer la conservation.

Les bâtiments préexistants, cours, jardins, parcs et enclos préexistants, attenant aux habitations, ne peuvent être assujettis aux servitudes établies par le présent article.

Les tribunaux devront, pour l'application de ces servitudes, concilier l'intérêt de l'opération avec le respect de la propriété. Ils pourront ordonner l'exécution provisoire des travaux, moyennant la consignation par le demandeur d'une somme par eux déterminée.

Art. 10. — Les propriétaires grevés des servitudes établies à l'article précédent auront la faculté d'exiger que l'usinier fasse l'acquisition des terrains submergés par la retenue des barrages, autres que les berges non susceptibles de culture, ainsi que celle des terrains occupés par les ouvrages ou traversés par des canaux à ciel ouvert.

Les terrains à acquérir en exécution de cette disposition seront estimés au double de la valeur qu'ils avaient avant l'occupation.

La pièce de terre trop endommagée, ou dégradée sur une trop grande partie de sa surface, devra être achetée en totalité si le propriétaire l'exige.

Le Tribunal pourra obliger l'usinier à effectuer tous les ouvrages nécessaires pour assurer la communication des parcelles traversées.

Les contestations soulevées par l'application du présent article, y compris la fixation des prix d'acquisition, seront soumises aux tribunaux civils.

Art. 11. — Ceux qui faisaient usage de l'eau pour l'irrigation antérieurement à la demande en licitation ou, s'il n'y a pas eu de licitation, antérieurement à la demande d'autorisation adressée à l'autorité administrative, pourront demander à l'usinier une indemnité pécuniaire qui sera fixée par le Tribunal civil.

Le Tribunal peut ordonner qu'une indemnité provisionnelle dont il fixe montant sera payée par l'usinier avant tout commencement d'exécution des travaux préjudiciables.

L'usinier peut se libérer de toute obligation à raison des irrigations préexistantes, moyennant la restitution gratuite en nature de l'eau et, s'il y a lieu, moyennant une indemnité complémentaire en argent. Réciproquement, cette restitution en nature pourra être exigée par les propriétaires irrigants toutes les fois qu'elle sera possible. Les tribunaux devront, dans l'application de cette disposition, concilier les intérêts de l'agriculture avec ceux de l'industrie.

Art. 12. — Les droits à l'irrigation dont il n'aurait pas été fait usage antérieurement à la demande en licitation, ou s'il n'y a pas eu de licitation antérieurement à la demande d'autorisation adressée à l'autorité administrative, donneront lieu à une indemnité qui sera fixée par le tribunal civil. Toutefois l'usinier peut se libérer vis-à-vis des titulaires de ces droits, en leur fournissant en nature l'eau nécessaire à la bonne culture de leurs fonds bordant le cours d'eau dans les conditions et prix de revient qu'ils auraient pu eux-mêmes antérieurement réaliser par des ouvrages n'utilisant que la simple gravité. Ces conditions et prix de revient seront fixés par trois arbitres nommés : un par l'usinier ; un par le réclamant ou, à défaut d'accord, par le président du tribunal civil ; et le troisième par les deux premiers, ou, à défaut d'accord, par le président du tribunal civil.

Art. 13. — S'il se trouve, dans la section du cours d'eau intéressée par la création de l'usine une ou plusieurs usines autorisées préexistantes, la personne munie du droit de se servir de la chute d'eau dans l'étendue d'une section, et munie des autorisations administratives prévues par les lois et règlements en vigueur devra, si les intéressés l'exigent, leur restituer en nature l'énergie dont elles disposaient. Cette énergie pourra être restituée sous forme d'énergie électrique. Les intéressés pourront, s'ils le préfèrent, abandonner à l'usinier, moyennant indemnité, l'énergie dont ils disposaient. Les contestations soulevées par cet article seront de la compétence des tribunaux civils.

CHAPITRE III

Des usines déclarées d'utilité publique.

Art. 14. — Peuvent être déclarées d'utilité publique, l'exécution, l'entretien et l'exploitation, sur les cours d'eau de toute catégorie, d'ouvrages ayant pour objet l'utilisation de la force motrice de l'eau, et l'amélioration, au moyen de réservoirs ou de tous autres ouvrages, du régime des cours d'eau au point de vue de cette utilisation.

Art. 15. — Lorsque l'eau ou l'énergie est affectée aux besoins d'une entreprise déclarée d'utilité publique, la déclaration d'utilité publique des ouvrages visés à l'article précédent peut résulter de celle de l'entreprise.

Dans tous les autres cas, l'utilité publique est déclarée et l'exécution des travaux est autorisée par un décret rendu en Conseil d'Etat, après enquête, sur le rapport des Ministres des Travaux publics et de l'Agriculture.

Toutefois la déclaration d'utilité publique ne peut être prononcée que par une loi quand les travaux comportent le détournement des eaux hors de leur lit naturél sur une longueur de plus de 20 kilomètres mesurée suivant ce lit. Le projet doit d'ailleurs avoir été soumis à l'examen préalable du Conseil d'Etat.

Art. 16. — L'eau dérivée et l'énergie produite au moyen des ouvrages ainsi déclarés d'utilité publique doivent être affectées à titre principal, aux besoins des services publics administrés ou concédés par l'Etat, les départements, les communes ou les associations syndicales autorisées dont les ouvrages ont été déclarés d'utilité publique.

L'acte déclaratif d'utilité publique pourra autoriser l'expropriant ou son concessionnaire à employer accessoirement la force motrice aux besoins de l'industrie privée. La quantité de force qui pourra être affectée à cet usage sera déterminée par l'acte déclaratif d'utilité publique. Elle ne pourra en aucun cas, dépasser le tiers de l'énergie totale soumise à l'expropriation.

Art. 17. — Les terrains nécessaires à l'établissement des ouvrages et les droits à l'usage de l'eau dans l'étendue de la section intéressée par le projet, doivent être acquis par voie d'expropriation, à défaut d'accord avec les propriétaires. Sous réserves des exceptions qui peuvent résulter du paragraphe 1er de l'article 15, il est procédé à l'expropriation et au règlement des indemnités conformément aux dispositions de la loi du 3 mai 1841.

ANNEXE N° 3

Délais à prévoir pour l'obtention d'une concession.

PROJET DE LOI DE LA COMMISSION PARLEMENTAIRE.

Etudes. Autorisation préalable du Préfet (art. 20).

Versement à la Caisse des dépôts et consignations des frais présumés de l'instruction (art. 6).

Demande en concession. Dossier à constituer (art. 6), (Ouvrages projetés, périmètre de la concession, débit dérivé, réserves aux services publics et tarifs).

Examen du Ministre (art. 7).

Avis de la Commission mixte (art. 7) et, s'il y a lieu décret en *Conseil des Ministres* (art. 57, dernier alinéa).

Rectification de la demande (art. 7).

Signification de la demande à tous les propriétaires du périmètre (art. 7).

Affichage et insertion à l'*Officiel* de la demande (art. 7).

Dépôt de la demande et du projet à la Préfecture, à la Sous-Préfecture et dans les mairies (art. 7).

Trois mois d'enquête pour les demandes en concurrence (art. 7).

Enquêtes dans les communes (art. 7) (suivant un règlement d'administration publique à intervenir).

Consultation des Conseils *généraux* et des Conseils *municipaux* (art. 7).

Instruction par les *trois Ministères* des travaux publics, de l'agriculture et de l'intérieur (art. 7).

Avis de la Commission mixte (art. 7) et, s'il y a lieu, *décret en Conseil des Ministres* (art. 57, dernier alinéa).

Jugement du concours par l'assemblée générale du Conseil d'Etat (art. 8).

Décret affiché, publié et signifié (art. 8).

Bornage du périmètre, son homologation par le Préfet (art. 11).

Expropriation des droits sur les eaux selon l'art. 16, loi du 21 mai 1836 (art. 21).

Autorisation préfectorale pour l'établissement des servitudes et règlement des indemnités par les Tribunaux civils (art. 23 et 24).

Signification du projet pour les acquisitions de terrains aux intéressés et dépôt du projet à la mairie pendant un mois (art. 25).

Expropriation selon l'art. 16 de la loi du 21 mai 1836 (art. 25).

Bornage des dépendances immobilières de la concession et son homologation par le préfet (art. 13).

Exécution des travaux.